予防策・対応策をイラストで「見える化」

わかりやすい
保育現場の感染症対策

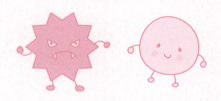

編著＝森内浩幸
著＝是松聖悟・並木由美江・西村直子

中央法規

はじめに

　保育所は子どもにとって大切な場所です。そこでは子ども同士が一緒に遊んだり、食事をしたりする中で社会性が育まれ、心も豊かになり、体も逞しくなっていきます。また、ほかの子どもと協力して何かに取り組むことによって、仲間と過ごす楽しさを知り、自分より年下の子どもへの思いやりの心を養い、ほかの子どもに刺激を受けて頑張る気持ちも生まれます。親以外の大人（保育者）との関わりもまた、子どもの社会性の発達に寄与するでしょう。

　保育所はもちろんよいことばっかりではなく、一人ひとりの個性や発達段階に合わせた対応をするには保育者の数が不十分であり、子どもの自主性を育てることが難しいところがあるかもしれません。そして集団保育のデメリットの1つとして挙げられるのが「感染症」に罹りやすいということです。

　生まれてきた子どもは、まだどの病原体に対しても免疫を獲得していないため、病原体に出くわす度に次々と感染症に罹ってしまいます。特に集団保育の現場は、子ども同士が濃厚に接したり、子どもは衛生観念がないので何でも手にして口に入れたりするため、感染症が拡がりやすい環境だといえます。だからといって、小さな子どもにマスクを着用させるのは危険ですし、咳エチケットも期待できませんし、自分で上手に手洗いをすることも難しいです。また、トイレットトレーニングができていない子どももいっぱいいます。そのため、保育所で次から次へといろいろな感染症が流行ってしまうのは、ある意味宿命のようなものです。

　インフルエンザでも RS ウイルス感染症でも手足口病でもヘルパンギーナでも、いったん保育所の中に入り込むと、なかなか終息することなく子どもから子どもへと（ときには大人の保育者へも）拡がっていきます。腸管出血性大腸菌感染症（O157 など）のように非常に重症化する恐れのある感染症も、保育所内で集団発生するかもしれません。だから集団保育の現場で普段から、そしていったん病気の子どもが出た時点で、どのような感染予防策を取る必要があるのかを知っておき、実践すべきなのです。そのためには、子どもによくみられる感染症そ

れぞれについて、基本的な知識をもっておくことが有用です。

　子どもの状態を見極めること〜様子を見ておいて大丈夫なのか、すぐにでも受診しないといけないのか、大急ぎで救急車を呼ぶべきなのか〜、それもたくさんの子どもに関わる保育者に求められることです。子どもの中でも特に乳児は、幼児・学童に比べ免疫力も体力も劣っており、呼吸困難に陥りやすく、脱水症を起こしやすいなど、感染症が重症化しやすいために注意が必要です。

　そんなことをいわれると、「わ〜もう大変！　子どもに関わる仕事なんて無理無理！」なんて考えちゃいますか？　また「子どもを産んで育てるってやっぱり大変！　子どもをもつのは諦めようかな？」なんて思っちゃいますか？　でも大丈夫！　この本では、感染症を中心とした子どもの病気と健康について、わかりやすいイラストや表をたくさん提示し、「目に見える」形で解説しています。子どもの状態を捉え、症状の意味やどのように対応すればよいのかを理解し、よくある子どもの感染症について知識を得、普段からの感染予防対策やいったん感染症が保育所内に持ち込まれた際の対応策を実践できるように、しっかりサポートします。

　子どもを育てるってことは、保護者や保育者、そしてその他社会全体が力を合わせ、心を1つにして取り組むミッションです。ぜひこの本に、そのチームの仲間入りをさせてください。

　　　　　　　　　　　　　　　　　　　　　　　　　　　　　2025年1月　森内浩幸

目次

第1章　感染症の見える化

第1節　感染症とはなにか？

1. ヒトと微生物の関係 …………………………………………… 8
2. 「感染」と「感染症」はどう違うの？ ……………………… 10
3. 免疫ってなに？ ………………………………………………… 12
4. 微生物と免疫系との複雑な絡み合い ………………………… 14
5. 子どもと大人はどう違う？ …………………………………… 16
6. 乳児は要注意！ ………………………………………………… 18

第2節　どんな病原体が感染症を引き起こす？

1. 病原体の種類 …………………………………………………… 20
2. 主な感染経路 …………………………………………………… 22
3. 子どもと大人はどう違う？ …………………………………… 24

コラム　感染症の知っトク①
子どもはどうして新型コロナウイルス感染症が大人より軽いのか？ …… 26

第2章　日常でできる──予防策の見える化

第1節　日常生活で気をつけること

1　感染症を防ぐには？ ……………………………………………… 30
2　手洗いは手荒くしないで！ …………………………………… 32
3　手指消毒の落とし穴に注意！ ……………………………… 36
4　マスクにも副作用あり！ ……………………………………… 38
5　基礎体力・基礎免疫力アップ！ …………………………… 40
6　病気のときも登園・登校・出勤なんてえらくない！　休む！ …… 42

コラム　感染症の知っトク②
保育者（妊婦さん）に気をつけてもらいたい感染症 ………………… 44

第2節　保育場面で気をつけること

1　環境衛生の基本 ………………………………………………… 46
2　保育者の衛生 …………………………………………………… 50
3　室内の衛生 ……………………………………………………… 54
4　食事・おやつにおける衛生 ………………………………… 56
5　調乳における衛生 ……………………………………………… 58
6　子どもの手指の衛生 ………………………………………… 60
7　歯ブラシの衛生 ………………………………………………… 62
8　おもちゃの衛生 ………………………………………………… 64
9　寝具・プール・砂場の衛生 ………………………………… 66
10　排泄場面の衛生 ……………………………………………… 68
11　嘔吐物処理の衛生 …………………………………………… 72
12　総点検！　日常の衛生管理と感染予防 ………………… 74

コラム　感染症の知っトク③
意外!?　うがいの不都合な事実 ……………………………………… 76

第3章　発症したら──対応策の見える化

第1節　症状について

1　子どもの体調で観察すること ……………………………… 78
2　熱、こんな場合は要注意！ …………………………………… 80
3　咳、こんな場合は要注意！ …………………………………… 82
4　嘔吐・下痢、多汗、水を飲めない状態が続く場合は要注意！ … 84
5　発疹、こんな場合は要注意！ ………………………………… 86
6　それ、腸重積症かもしれません ……………………………… 88
7　それ、心不全かもしれません ………………………………… 90
8　それ、急性脳症かもしれません ……………………………… 92

第2節　症状に対応した子どもへの配慮

1　熱についての迷信と誤解 ……………………………………… 94
2　熱への対応 ……………………………………………………… 96
3　鼻水への対応 …………………………………………………… 98
4　咳への対応 …………………………………………………… 100
5　嘔吐・下痢への対応 ………………………………………… 102
6　抗菌薬はほとんどの風邪と嘔吐下痢症に NG ！ ………… 104
7　どんな感染症の場合でも ……………………………………… 106

コラム　**感染症の知っトク④**
風邪薬ってなに？ ……………………………………………… 108

第3節　内外への連絡について

1　記録 …………………………………………………………… 110
2　園等の役割と職員間の情報共有 …………………………… 112
3　保護者への連絡 ……………………………………………… 114

コラム　**感染症の知っトク⑤**
子どものウェルビーイング(Well-being)を支えるために
〜ライフイベントに予防接種をセットで祝う〜 ………………… 120

第4章　子どもが罹る感染症の種類

第1節　子どもの罹る感染症とは

1　子どもの罹る感染症 ……………………………………………… 122
2　予防接種の種類 …………………………………………………… 125

第2節　各感染症について

1　新型コロナウイルス感染症 ……………………………………… 126
2　インフルエンザ …………………………………………………… 128
3　百日咳 ……………………………………………………………… 130
4　麻疹 ………………………………………………………………… 132
5　流行性耳下腺炎 …………………………………………………… 134
6　風疹 ………………………………………………………………… 136
7　水痘 ………………………………………………………………… 138
8　咽頭結膜熱 ………………………………………………………… 140
9　RS ウイルス感染症 ……………………………………………… 142
10　手足口病、ヘルパンギーナ ……………………………………… 144
11　ウイルス性胃腸炎 ………………………………………………… 146
12　溶連菌感染症 ……………………………………………………… 148
13　インフルエンザ菌 b 型感染症 …………………………………… 150
14　肺炎球菌感染症 …………………………………………………… 152
15　伝染性軟属腫 ……………………………………………………… 154

コラム　感染症の知ットク⑥
集団生活での感染症の蔓延を防ぐために ……………………… 156

本書は、主にこども家庭庁「保育所における感染症対策ガイドライン（2018年改訂版）」（2023（令和5）年5月一部改訂〈2023（令和5）年10月一部修正〉）の内容に準拠しています。

第1章

感染症の見える化

第1節 感染症とはなにか？

1 ヒトと微生物の関係

● 細菌は腸の中だけで約 100 兆個

　私たちの体は何個の細胞からできているでしょうか？　答えは、約 40 兆個です。それが一個の受精卵からスタートしたのですから、本当にビックリします。では、私たちの体内にいる細菌の数は、何個くらいあると思いますか？　なんと、腸の中だけでも約 100 兆個潜んでいるんです！　そのほかにも、口の中や皮膚の表面、女性であれば腟の中など、非常に多くの種類の細菌が体内のいろいろなところに存在しているのです。

● 細菌のほとんどは無害！

　皆さんは、「たくさんの細菌が体内にいて、なんか怖い」って思いますか？　でも、これらの細菌のほとんどは無害です。むしろ、病気を引き起こす細菌（病原菌）を追い出してくれたり、免疫系を訓練したり、ビタミンを作ったり、消化のお手伝いをしたりする善玉菌です。かえって、無菌状態は私たちの健康にマイナスの影響をもたらします。例えば、実験用の無菌動物は病原菌の攻撃に脆く、免疫系の暴走（自己免疫疾患──自分自身を免疫が攻撃する病気）が起こりやすくなります。こうした善玉菌は、産道（腟）を通って生まれてくるときや、母乳（この中にも細菌がいっぱい！）を飲むことによって、お母さんから譲り受けるのです。

● 私たちの体は一種の生態系

　細菌だけではありません。私たちの体内には約 400 兆個のウイルスも存在します。水痘や突発性発疹を起こすウイルスの仲間（ヘルペスウイルス科）は有名ですが、ほとんど名前も知られていない多種多様なウイルスが、病気を起こすことなく、私たちと共存しています。

　つまり、微生物（細菌やウイルス）は、たまに私たちの体に侵入して病気を起こす存在では

ありません。もともと私たちの体の中に多くの種類の微生物が常に同居していて、しかもその数は私たちの細胞の数をはるかに超えるのです。いってみれば私たちの体は一種の生態系、または超個体（生物集団）だともいえます。

私たちはたくさんの細菌やウイルスと共存している！

人体は一種の生態系または超個体（生物集団）

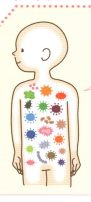

約100兆個の細菌、約400兆個のウイルスが体内に共存

善玉菌のお仕事

消化
私たちが消化できない植物繊維などを分解する

ビタミン産生
足りないものを補う

脳の発達
子どもには特に大切

免疫系の訓練
「自己」と「非自己」の区別や「無害なものの見極め方」を訓練する

病原菌への前線防御
悪玉病原菌の定着・侵入を防ぐ

2 「感染」と「感染症」はどう違うの？

● 侵入経路が異なると病気を引き起こすことも

　微生物が体内に入ってくることを「感染」といいます。しかし、お母さんから善玉菌を譲り受けたり、納豆（納豆菌）やヨーグルト（乳酸菌）を食べたりして菌が体内に入ってきても病気にはなりません（むしろ健康にプラスです）。感染したことで病気になった場合を「感染症」といいます。

　ただ同じ微生物の感染でも、病気（感染症）を起こすことも起こさないこともあって、単純ではありません。私たちのお腹の中には大腸菌が普段から棲みついていますが、特殊な大腸菌（例えば O157 大腸菌）を除けば、病気にはなりません。しかし、この菌が肛門を出て外尿道口から入り込んでくると、尿路感染症を起こす恐れがあります。ほかにも、子どもの喉には肺炎球菌が定着していることが少なくありません。そこにいるだけなら病気にはなりませんが、耳管（喉と中耳［鼓膜の奥の部分］をつなぐ管）を通って侵入すると中耳炎を起こしたり、喉の粘膜から血流に入り込むと敗血症や髄膜炎のような危険な病気を起こす恐れがあります。

● 病原体にも相性がある

　「感染症を起こすもの」＝「病原体」という図式は常に正しいわけではありません。健康な人であれば病気を起こさないのに、免疫力が著しく衰えた人（免疫不全者）は病気を起こすことがあります。そのような病気を「日和見感染症」と呼びます。例えば、真菌（カビ）の一種であるニューモシスチスは健康な人の肺に入り込んでもなんら影響はありませんが、免疫不全者では命に関わる肺炎を起こします。

　人によって、病原体との相性があります。ある病原体への感染のしやすさや病気の重さには個人差があるのです。その理由の 1 つは、病原体の蛋白質のかけら（ペプチド）を T 細胞（重要な免疫細胞）に提示して免疫応答を引き起こす HLA という分子に大きな個人差があるためです。HLA の違いによって、個々の微生物への免疫応答の強さに違いが生じるのです。そのほかの例として、CCR5 という遺伝子に変異がある人は、HIV（後天性免疫不全症候群（AIDS）を引き起こすウイルス）に感染しにくいということが知られています。

悪玉菌だからっていつも悪役とは限らない

相性も案外あるんだよな！

悪玉菌

善玉菌

日和見菌

僕、本当はおとなしいんだけど…

俺だって、入っちゃダメな所に潜り込んだりしなければ…

免疫力が落ちるとおとなしい相手でもダメみたい（日和見感染症）

病原体との相性がある

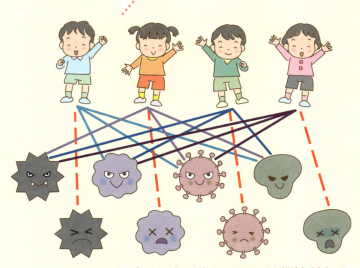

一人ひとりとさまざまな病原体との間には相性がある

3 免疫ってなに？

● 免疫の役割

感染症のお話をするときに、避けて通れないのが「免疫」です。よく耳にする言葉ですが、改めて免疫ってなんなのでしょうか？

生物の歴史は、他種の生物・微生物との「闘いと共存」の歴史でもあります。目に見える外敵に対しては、「逃げ足が速い」とか「保護色」といった防御法を身につけて対処してきました。一方で、目に見えない外敵（微生物）に対して開発したのが「免疫」です。敵は、外から襲ってくるだけではありません。私たちの体は約40兆個の細胞集団ですが、すべての細胞は発育発達・再生修復の過程できめ細かにコントロールされています。それを逸脱し、好き勝手に増殖し（腫瘍形成）、縄張りを拡げていく（転移）のが、内敵である「がん」です。免疫は、これら外敵・内敵を見つけ出し、排除します。

● 免疫のしくみ

免疫のしくみは、自然免疫（内因性免疫）と獲得免疫（適応免疫）に大きく分かれます。自然免疫は生まれつき備わっていて、感染防御の最前線に位置します。敵なのか味方なのか、そしてどういうタイプの敵なのかを見極めるには、特定のグループの病原体に共通したパターンを認識します。それは、ラグビーの試合などでユニフォームの違いによって敵か味方かを見極めるのと似ています。生まれつき備わっているとはいえ、普段から訓練しておかなければ力を発揮することはできません。また、見分けのつくユニフォームでないと反応できませんし、手強い相手になるとこれだけでは不十分です。

もう1つの獲得免疫は、文字通り、敵のことを学習して獲得し、それを記憶しておいて、同じ敵に出会ったときに効果的にそれを排除するというしくみです。敵の見分け方は、ユニフォームのような大雑把なものではなく、生体認証システム（指紋、指の静脈、瞳の中の虹彩など）のように、体のごく一部分でありながら明確な個体差がある部分を捉えます。どんな相手にも対応できる一方で（多様性）、特定の相手にのみ反応します（特異性）。「記憶」が残るのも大きな特徴です。こうした免疫の獲得は、実際に病原体に感染するだけではなく、ワクチンによっても得ることができます。

自然免疫と獲得免疫の違い

自然免疫	獲得免疫
生まれつき備わっている （速効性）	生まれたあとで獲得される （時間がかかる）
敵をさまざまな特徴をもったグループに分け、そのグループのメンバーに共通したパターンで認識	個々の敵を特異的に認識 （生体認証に似ている）
日常の感染防御の主役 （最前線）	二度罹りを防ぐ （ワクチンでは事前に防げる）
訓練した状態はしばらく続く	記憶が残る （繰り返し学習すると強化される）
ほとんどの生物がもっている	高等生物のみがもっている

自然免疫と獲得免疫の認証システム

自然免疫では
相手をパターンで認識

獲得免疫では
相手を個別に認識

4 ⸺ 微生物と免疫系との複雑な絡み合い

● 免疫反応が発症の有無に影響する

　微生物に感染したあとで病気（感染症）になるかどうかは、さまざまな要因が複雑に絡み合って決まります。どのような微生物であるかだけでなく、それに私たちの免疫系がどう反応するかも重要な点になります。微生物の中で、私たちに病気を起こすものを病原体といいます。病原体の中には細菌、ウイルス、真菌（カビ）、寄生虫（ムシ）があります。

　同じ病原体に感染しても、しっかり症状が出た上で治ることもあれば〈顕性感染＝感染症〉、症状が出ないで済むこともあります〈不顕性感染〉。実は、症状は、病原体が私たちの体内で大暴れした結果出るものだけでなく、免疫系が病原体に過度な攻撃をすることで、かえって私たちの体がダメージを受けて起こることもしばしばです〈免疫病態的疾患〉。免疫系は体の中で戦うので、戦いの副作用（熱、痛み、臓器障害など）が生じるのです。

　しかし、免疫力が衰えれば、通常の病原体はおろか、健康な人だったらなにも起こらない日和見病原体であっても、命に関わる病気（日和見感染症）を起こします〈免疫不全〉。

　免疫系が敵（非自己）ではなく、間違って味方（自己）を攻撃してしまうこともあります〈自己免疫疾患〉。また、大した相手でもないのに（例えば無害な花粉や食物など）、過剰に反応することもあります〈アレルギー〉。

● ときに悪人に豹変するウイルス

　エプスタイン・バーウイルス（EB ウイルス）という、ごくありきたりのウイルスを例に説明します。このウイルスは唾液を介して感染しますが、子どもが共有のおもちゃを舐めたりして感染してもほとんどは無症状です。しかし、思春期以降にキスなどで感染すると、伝染性単核症という病気を起こすことがあります。また、免疫力が落ちた人では悪性リンパ腫を起こす恐れがあります。そして、このウイルスは B 細胞（抗体を作る細胞）に感染して予定外に抗体を作らせる結果、自己免疫疾患を起こすこともあります。また、本来は感染しないはずの T 細胞や NK 細胞に感染すると、慢性活動性 EB ウイルス感染症という病態に陥り、攻略できない戦闘状態が長く続く結果、全身に強い炎症や悪性リンパ腫を発症させて、命に関わる事態になることもあるのです。ほかにも「蚊アレルギー」という特殊なアレルギーを起こしたりします。

病原体 × 免疫系が引き起こすもの

外交の勝利
（不顕性感染）

敗北
（感染症死）

戦争による勝利
（顕性感染）

一般市民への攻撃
（アレルギー）

味方への誤爆
（自己免疫疾患）

国土が戦場化
（免疫病態）

第1章
第1節 ● 感染症とはなにか？

5 子どもと大人はどう違う？

● 獲得免疫ゼロの赤ちゃん

　赤ちゃんは獲得免疫ゼロの状態で生まれます。どの病原体も初体験だから、次から次に感染します。保育所デビュー後は、子どもたちがお互いにもらい合いするため、保護者の方は「うちの子を通していろいろな感染症を知った〜」という経験がおありかもしれません。基礎体力があり、自然免疫が訓練されていれば、感染症が重症化しないで獲得免疫を身につけますので、次に感染する機会があっても門前払いの如く、軽い症状で済むようになります。

　感染症の中には、二度罹りしないしワクチンでしっかり防げるもの（例：麻疹、水痘）もあれば、何度でも罹るしワクチンの効果も不十分なもの（例：インフルエンザ、新型コロナウイルス感染症）もあります。ただ後者であっても、繰り返し感染したりワクチン接種したりするうちに、段々と罹りにくくなったり、罹っても軽くて済むようになります。

● 水ぼうそうパーティーでなくワクチンを

　同じ感染症でも、年齢によって重症度が変わることがあります。乳児はまだ体力も弱く内臓も未発達で免疫系が未熟なので、どんな感染症でも重症化のリスクがあります（18頁）。しかし、その時期を過ぎた子どもは、案外いろいろな病気を上手にやり過ごしていきます。ところが、子どもの頃に罹っていなかった感染症に大人になってから罹ると、子どもよりも重症化することが度々あります。これは免疫系が過度に反応してしまうこと（前項の免疫病態的疾患）も影響しています。

　欧米では「恋と麻疹は年を取ってから罹ると重症」という言葉もあります。まだワクチンがなかった時代では、近所に水痘に罹った子どもがいたら、免疫をつける目的で、まだ罹患していない子どもたちがその家に集まってパーティー（水ぼうそうパーティー！）を開いたりすることもありました。

　乳児期を過ぎれば、子どものうちにいろいろな感染症に罹ることは決して悪いことではありません。ただし、どんな感染症でも一定の確率で重症化することはあるので、ワクチンで防げる場合には必ずワクチンで守ってほしいと思います。水ぼうそうパーティーではなく、ワクチンです。

子どもより大人が重症化しやすい感染症の例

- 麻疹（別名：はしか）
- 水痘（別名：水ぼうそう）
- 伝染性単核症
- A型肝炎
- 新型コロナウイルス感染症
- 激症型溶連菌感染症

水痘患者10万人あたりの死亡数
（1990-1994年：アメリカ）

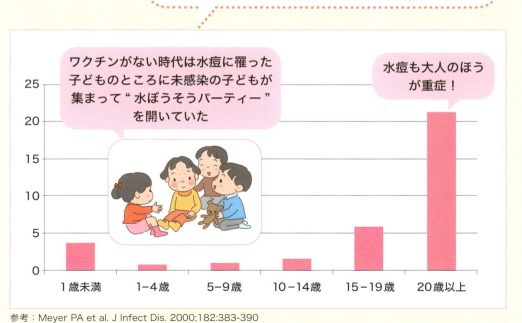

参考：Meyer PA et al. J Infect Dis. 2000;182:383-390

6 乳児は要注意！

● 乳児の免疫系は未熟

　「子どもは風邪の子〜次々と感染症に罹ってもそんなに心配しないで！」って言いましたが、乳児は別です。なぜなら乳児は、さまざまな理由で感染症が重症化しやすいからです。

　乳児は免疫系が未熟なので、お母さんのお腹の中で胎盤を介して受け取る抗体（IgG）と、母乳を介して受け取る抗体（IgA）で助けてもらいます。でも、お母さんからもらい受けた抗体は、生まれて何か月かすると少なくなってしまいます。

● 乳児は呼吸困難に注意

　乳児は、呼吸器感染症を起こすと、呼吸困難に陥りやすいです。その理由として、
・頭が大きいため、仰向けに寝ると気道が屈曲し、閉塞しやすい
・口の中の容積に比べて舌が大きく、唾液の分泌が多いため、気道が詰まりやすい
・鼻呼吸優位の新生児では、鼻詰まりによって呼吸障害が起こりやすい
・気道内径が小さいので、炎症を起こして腫れると閉塞しやすい
・大人に比べて肺が膨らみにくく、またお腹が膨れると横隔膜が動きにくくなる
・未発達な状態の呼吸筋は、呼吸不全が続くとすぐに疲れてしまう
・酸素消費量が大きいので、無呼吸によって容易に低酸素状態に陥る
などが挙げられます。そのため、ちょっとした風邪でも油断はできません。また、2歳までは肺や下気道の発達は続いているので、この時期に炎症を起こすと後遺症が残ることがあります。

● 乳児は脱水状態にも陥りやすい

　乳児は脱水症も要注意です。年長児や大人と比べて体内の水分量が多く、1日に必要とする水分量は体重当たりに換算すると、とても多いのです。そのため、発熱、発汗、嘔吐、下痢などで体内の水分が失われたり、咳や鼻詰まりのために哺乳量（水分補給）が少なくなったりすると、すぐに脱水状態に陥るというわけです。

　このように、乳児にはできるだけ病気をうつさないように、もし罹ってしまったら注意して看病する必要があります。

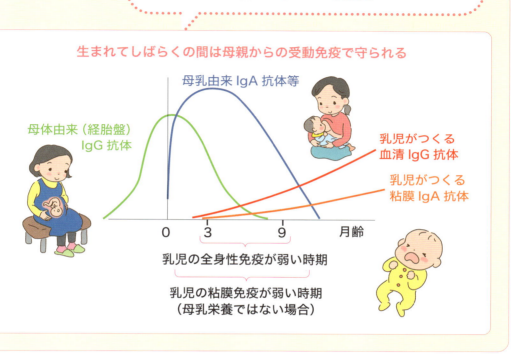

赤ちゃんの免疫

生まれてしばらくの間は母親からの受動免疫で守られる

乳児が重症化しやすい理由

体力が弱く、内臓も未成熟な乳児は重症化に要注意！

- 免疫系が未熟
- 呼吸困難に陥りやすい
- 脱水症になりやすい

第2節 どんな病原体が感染症を引き起こす？

1 病原体の種類

● 病原体は4つ

　私たちに感染する病原体は、大きく4つに分かれます。ウイルス、バイキン（細菌）、カビ（真菌）、そしてムシ（寄生虫）です。

・ウイルス

　ウイルスが生物なのかどうかは、長年議論されています。ウイルスの構造は極めて単純で、細胞のようにいろいろな小器官（例：ミトコンドリア）をもたず、代謝活動に必要な酵素もごく限られたものしかありません。言ってみれば、ウイルス粒子は自らの遺伝情報（核酸）を細胞に侵入させるための入れ物のようなものなのです。いったん細胞の中に入り込むと、その代謝工場を乗っ取って、自分の複製、つまり新たなウイルス粒子をいっぱい作らせます。逆に言うと、ウイルスは細胞の中でしか活動することができません。

・バイキン（細菌）

　バイキン（細菌）は、原核細胞と呼ばれる、核がなくDNA（遺伝情報）が剥き出しになった構造の微生物です。球形のもの（球菌）もあれば細長いもの（桿菌）もあり、表面（細胞壁）の構造にも違いがありますが、いずれも1個が2個、2個が4個と増えていく単細胞生物です。ヒトを含むすべての動物の体内に巣食っているほか、身近な環境にもたくさん存在しています。

・カビ（真菌）

　カビ（真菌）は、真核細胞（DNAが核の中に収納）からなりますが、生物学的には動物とも植物とも異なる独自の区分（界）に分類されます。真菌の胞子は空気中や土壌の中にあるため、肺に入り込んだり皮膚に定着したりします。

・ムシ（寄生虫）

　ムシ（寄生虫）は、おそらく人類史上最も重要かつ厄介な病原体です。高所得国ではあまり

大きな問題となることはありませんが、今でも低中所得国においては深刻な健康被害を与えています。サナダムシのように全長数メートルもあるものから、一個の細胞からなる単細胞原虫などさまざまなものがあります。

● 身近な環境にウイルスもバイキンもカビもいっぱい！

私たちの身近なところにも、病原体は存在しています。例えば…
- コップ一杯の海水には、地球上の全人口に匹敵する数のウイルス粒子が存在します。
- たった1グラムの土の中に100億個の細菌（世界人口より多い！）が見つかります。
- 一般の家庭の空気中には、1立方メートル当たり100から1000個のカビの胞子が浮遊しています。

でも大丈夫！　そのほとんどは無害です。

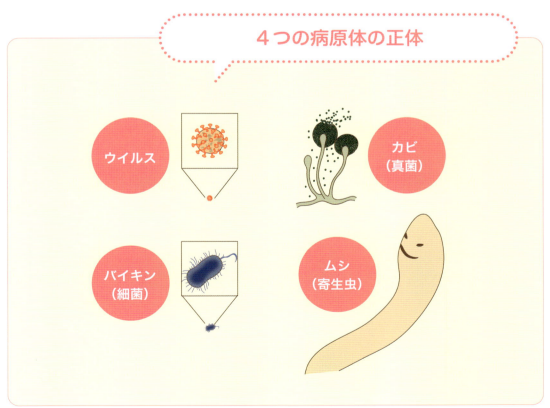

4つの病原体の正体

2 主な感染経路

● 病原体の侵入方法

　病原体は、どのような経路で私たちの体内に入ってくるのでしょうか？

　多くの病原体は、粘膜から入ってきます。粘膜とは、気道（呼吸器）、消化管（消化器）、尿路（泌尿器）などの管状または袋状になった器官の内側の表面を覆っている膜のことで、粘り気のある液体（粘液）で、湿った状態に保たれています。

　なお、感染経路については右頁でも詳細に解説しています。

・気道に入る場合

　気道に入る病原体は多く、気道・肺に病気を起こすもの（呼吸器感染症）と、気道が侵入口となって全身の病気を起こすもの（例：麻疹、水痘）があります。気道への入り方としては、①病原体がついた手で口・鼻・目に触れる〈接触感染〉、②咳やくしゃみなどで放出された病原体を含んだ粒子が直接に口・鼻・目の粘膜に付着する〈飛沫感染〉、③空気中にある病原体を含んだ粒子を吸い込む〈空気感染〉、の主に3つがあります。

・消化管に入る場合

　消化管に病原体が入るパターンとしては、①病原体がついた手で口・鼻・目に触れる〈接触感染〉、②飲み物や食べ物を介する〈食品由来感染・食中毒〉、の2つが主流です。やはり小さな子どもの場合は接触感染への対策が重要です。また②は感染した人が飲食物を準備する際に病原体が付着してしまう場合や、最初から飲食物に病原体が含まれている場合があります。こちらも気道の場合と同様に、消化管で病気を起こすもの（例：胃腸炎など）と、消化管が侵入口となって全身や内臓の病気を起こすもの（例：手足口病、A型肝炎）があります。

・尿路へ入る場合

　尿路へ入るのはほとんどの場合は、肛門から出てきた腸内細菌です。女児は肛門と外尿道口の距離が近いので尿路感染症を起こしやすいのですが、乳児期は包茎部分に細菌が溜まりやすいためか、感染するのは男児のほうが多いです。

・皮膚から入る場合

　皮膚から病原体が入るのは、①傷口から入り込む、②虫に刺される、③動物に咬まれる、などのパターンがあります。

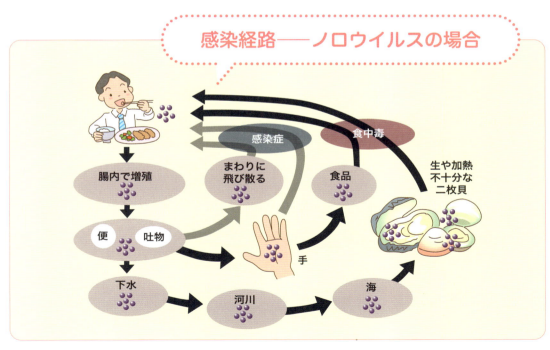

3 子どもと大人はどう違う？

● 子どもが感染しやすい理由

16頁で、「赤ちゃんは獲得免疫ゼロの状態で生まれます。どの病原体も初体験だから、次から次に感染します」と述べました。大人同士よりも子ども同士で感染が拡がりやすい理由としては、「衛生観念の未熟さ」と「密なつながり」が挙げられます。

子どもは、大人だったら「汚い！」と思うことを平気でおこないます。ほかの子どものよだれどころか、おしっこやウンチすらも気にせずに手に触れます。ほかの子どもが舐めたおもちゃを自分でも舐めたりします。さらに、子ども同士の距離が近い！　顔と顔がくっつかんばかりの距離で声を上げたりしますので、相手の顔（口・鼻・目）に飛沫（しぶき）が飛び放題です。こうして、接触感染や飛沫感染が、大人同士よりもはるかに起こりやすくなるのです。

そして、一般に、感染したあとで病原体が増える量が子どもでは大人以上になります。子どもの細胞は若々しく元気なので、ウイルスが感染し細胞の工場を乗っ取ったあと、新しいウイルス粒子の複製を作る能力も高いのだろうと考えられています。これらさまざまな要因から、子どもは感染しやすく、感染させやすいのです。

ところで、日常的に子どもと密なつながりをもつ大人もいますね。保護者や保育者さんです。そのため、感染症のなかには、子どもに患者が多いことに加えて、若い大人の年齢層にも小さなピークを認めることがあります。これは、子どもからうつされた保護者や保育者さんたちの患者集団だと想像されます。子どもの看病をしたあと、今度は保護者のほうが発病して大変な思いをされたという経験は、育児の「あるある」話によく出てくるかと思います。そして、大人になってもまだ罹っていない感染症が残っていますから、油断は禁物なのです。

第1章 第2節 どんな病原体が感染症を引き起こす？

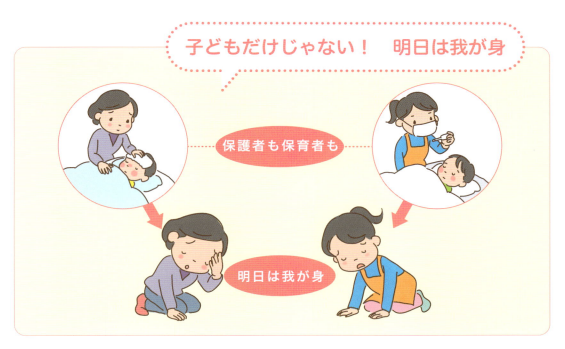

コラム

感染症の知っトク……①

子どもはどうして新型コロナウイルス感染症が
大人より軽いのか？

● 怖いウイルス感染症とは ●

　新興感染症の中でもエボラ出血熱（2人に1人は死亡）、高病原性鳥インフルエンザ（3人に1人は死亡）、後天性免疫不全症候群（AIDS）（かつてはみんな死亡）は、誰が罹っても重症化します。一方、21世紀に入って登場した3つの感染症は大人には怖いウイルス感染症で、致死率は重症急性呼吸器症候群（SARS）で約10%、中東呼吸器症候群（MERS）で約35%、新型コロナウイルス感染症（COVID-19）ではパンデミック当初は5〜6%ありました。

　しかし、SARSで亡くなった子どもはいません。MERSでは1人亡くなりましたが、その子どもには重い基礎疾患があり、同時にインフルエンザにも罹っていました。COVID-19で子どもが死亡する確率はロタウイルス胃腸炎と同程度で、子どもにとってはRSウイルスやインフルエンザのほうがずっと怖いウイルスです。

● どうして高齢者が重症になるのか ●

　大人のほうが子どもより重症になる感染症（麻疹、水痘など）の話をしましたが、COVID-19もその1つということです。つまり、感染症の重症度は病原体だけで決まるのではなく、それに私たち（特に免疫系）がどう反応するかにもよるのです。「どうして子どもは軽くて済むのか？」というより、本来そんなに致死的ではないウイルスなのに「どうしてお年寄りは重症になるのか？」と考えるほうがよいかもしれません。

● **お年寄りは初めての出会いに** ●

　実は、研究によって「鼻や喉の粘膜における自然免疫の強さとCOVID-19の重症度は反比例する」、そして「子どもは元々自然免疫が強いうえに、次々にいろいろな感染症に罹るので、自然免疫が訓練された状態にある」、そのため子どもはCOVID-19が重症化しにくいのだということがわかりました。逆に、お年寄りは子どもの頃に罹れば大したことなく済んだのに、自然免疫が衰えた高齢になってから初めて感染するため（新興ウイルスだから仕方ありませんが）、鼻や喉に入り込んだウイルスに適切に対抗できず、また特異的な免疫もすんなりと獲得できず、あがきながら必死に対抗しているうちに、炎症反応ばかりが蓄積して重症化するのです。

コラム

COVID-19はどのような経過で重症化するのか

COVID-19の重症化はウイルスがほとんどいなくなり免疫系の反応で炎症が蓄積したところで起こる

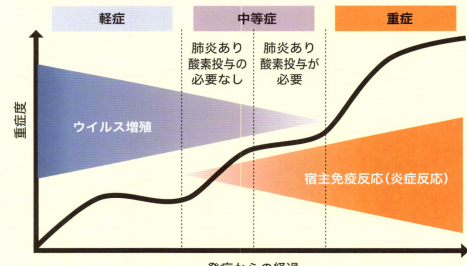

第2章

日常でできる
——予防策の見える化

第1節

日常生活で気をつけること

1 感染症を防ぐには？

● 感染経路ごとの対策

　いろいろな病原体がどのような経路で私たちの体内に入ってくるのかを考えて、感染対策をしていきます。また、感染しても病気（感染症）にならない対策も大切です（詳しくはそれぞれの項目をお読みください）。

　子どもは、手に病原体がくっついてしまい、その手で自分の口・鼻・目に触れてしまうため、接触感染をすることが多いです。これを防ぐには、みんなが触ったり口にしたりするもの（おもちゃ、食器など）の消毒と、効果的な手洗いをおこなうことが大切です。

　密に接し合う子どもは、飛沫感染も起こしやすいです。これを防ぐにはマスクの着用が有効ですが、小さな子ども（概ね2歳未満）ではマスクを着用することによるさまざまなリスクも伴うため、注意が必要となります。

　空気感染を防ぐには換気を徹底することが重要です。

　それから、日本特有の予防法として「うがい」があります。こちらも、その有効性の限界や落とし穴があるので注意を払う必要があります（76頁参照）。

● 普段の備えが肝心！

　感染症に限らず、重要なことは基礎体力をつけ、心身の健康を保つことです。規則正しい生活、十分な睡眠とバランスの取れた食事、そして、毎日いっぱい遊んで楽しく過ごすことで、多くの病原体を跳ねのけることができるでしょう。

　基礎体力・基礎免疫を身につけるのは大切ですが、特に心配な感染症に対してはワクチンが準備されています。ワクチンで防げる病気はワクチンで特異免疫をつけて防ぎましょう。定期接種だけではなく、任意接種のワクチン（おたふく風邪やインフルエンザのワクチンなど）も

お勧めです。

　最後に、最も大切なこと。それは、熱や鼻汁、咳、嘔吐、下痢、発疹などの症状がある場合には、かかりつけ医に「もう大丈夫」と言ってもらうまでは保育所・幼稚園・学校をお休みすることです。症状があるのに登園・登校するのは、えらいことでも何でもありません。お子さんの健康にもマイナスですが、周りも「エライ（大変な）」こと（園内・校内での感染の拡大）になってしまいます。「お薬で症状を目立たなくして子どもを預ける」なんてことは NG です！

感染経路とその対策

2 手洗いは手荒くしないで！

● まずは手洗い！

　夏風邪の多くは、ウイルスがくっついた手で口・鼻・目を触ることで感染します。インフルエンザや RS ウイルス、その他の風邪のウイルスも、小さな子どもの場合は手を介しての感染が多いです。

　お腹の感染症の病原体は、口から入ってきます。飲み物・食べ物に病原体が含まれていることもありますが、やはり手を介しての感染が多いです。夏場の腸管出血性大腸菌（O157 等）感染症、冬場のノロウイルスは特に厄介です。

　それらを防ぐには、手洗い・手指消毒です。病原体がくっついた手で口・鼻・目を触る前に、物理的に洗い流すのが手洗いです。目に見える汚れがあるときは、必ずまず手洗い！　です。石けんで汚れを浮かせたところで、流水（水道水）で洗い流します。ただ、いい加減な手洗いでは、洗い残したところに病原体はたくさん残っています。洗い残しが発生しやすい箇所は、指先（爪の中）、指の間、親指、手首などになります。しっかりと手を濡らして石けんをつけたあと、手のひら・手の甲だけではなく、これらの場所とあわせて 15 秒以上もみ洗い後、流水で十分に洗い流しましょう。しっかりともみ洗いとすすぎを繰り返すと、手についたウイルスの量は 100 万分の 1 まで減少するといわれます。手を拭くタオルは共有しないほうがよいです。できれば、使い捨てのペーパータオルをお勧めします。

● ここぞというときに必ず手洗い！

　効果的な手洗いは、結構時間がかかります。手洗い場が狭いのに反して、子どもたちが多かったりすると大変です。それから、何度も手洗いをすると、手が荒れてしまう人も出てくるかもしれません。荒れた手の皮膚からはバイキン（細菌）が入り込みやすくなったりもします。だから、ここぞというタイミングでしっかりと手洗いをしましょう。

　具体的には、①公共の場所から帰ったとき、②咳やくしゃみ、鼻をかんだとき、③ご飯やおやつを食べる前後、④病気の人のケアをしたとき、そして⑤多くの人が触れたものに触ったときとなります。

ウイルスの残存数

水とハンドソープで、ウイルスは減らせます！

手洗いなし	流水で15秒手洗い	ハンドソープで10秒から30秒もみ洗い後流水で15秒すすぎ	ハンドソープで10秒もみ洗い後流水で15秒すすぎを2セット
約100万個	約1万個（1/100）	数百個（1/1万）	（1/100万）

参考：森功次他（2006）「感染症学雑誌」80：496-500 を引用改変

手洗いの5つのタイミング

公共の場所から帰ったとき

咳やくしゃみ、鼻をかんだとき

ご飯やおやつを食べる前と後！
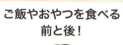

病気の人のケアをしたとき

多くの人が触れたものに触ったとき

第2章 第1節 ● 日常生活で気をつけること

33

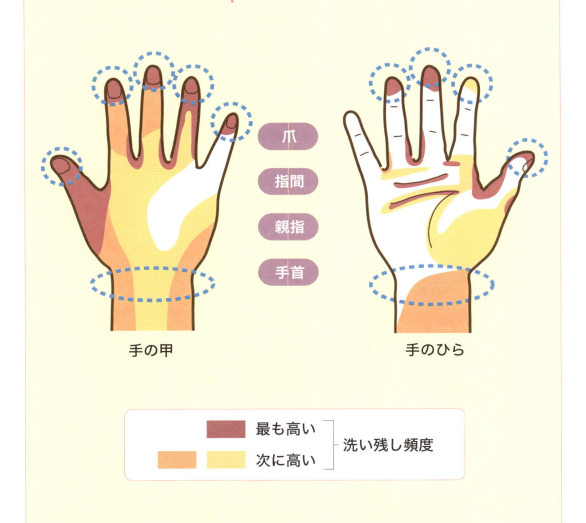

バッチリ！ 手洗いの仕方

石けんをつけてから水で流すまで、30秒以上かけておこなう！

① 水で手をぬらし、石けんを取る。手のひらをしっかり擦り合わせて、十分に泡立てる

② 手の甲を伸ばすように洗う

③ 指先・爪先の内側を洗う

④ 指の間、付け根を洗う

⑤ 親指をねじるように洗う

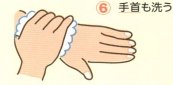
⑥ 手首も洗う

⑦ 15秒以上かけて洗ったあと、流水で十分に洗い流す

⑧ 止水は手首か肘、ペーパータオルを使用する

手洗いの留意点

- 保管における衛生状態を考えると液体タイプの石けんが望ましい。石けんは泡立つことで洗浄力が高まり、汚れを包み込むため、泡タイプであればなおよい
- 石けんやポンプボトルの衛生管理も忘れずに！

3 手指消毒の落とし穴に注意！

● 速乾性手指消毒液の落とし穴

　手洗いのあと、または目に見える汚れがないときの手指消毒に、「速乾性手指消毒液」（通常はアルコール消毒液のポンプ式ディスペンサー）を使うこともあります。水回りがなくても手指消毒できるメリットがありますし、バイキン（細菌）や一部のウイルス（インフルエンザウイルス、コロナウイルス、RSウイルス等）に対しては非常に有効です。ただ、この手指消毒にはいくつかの落とし穴があります。

　まず、ディスペンサーはしっかり下まで押し込んで、十分な量の液を手に受けることが大切です。しっかり押し込んだときに出てくる消毒液の量が、一回の手指消毒の適量（液体型だと3mℓ、ジェル型だと1mℓ）です。少ない量ではきちんと消毒できません。また、手洗いのときと同じように、指先（爪の中）、指の間、親指、手首などに消毒し残しがあると、効果はかなり落ちてしまいます。手が乾くまで、しっかり擦り込むことが大切です。ディスペンサーはたいてい共有しますから、そこには病原体がいっぱいついているかもしれません。消毒が不十分だと、ディスペンサーを使ったがゆえにかえって感染してしまう恐れがあるのです（53頁参照）。

● さらなる落とし穴とは！

　そして大切なことは、ある種のウイルス（例：ノロウイルスやロタウイルス等の急性胃腸炎を起こすウイルス、手足口病・ヘルパンギーナ・咽頭結膜熱等の夏風邪を起こすウイルス）にアルコールは無効です。これらに対しては、しっかり流水で洗い流す必要があります。保育所・幼稚園で流行る病気ばかりですので、アルコール頼りは危険なのです。

● 誤飲しないように注意！

　最後に、子どもが間違って消毒液を飲み込んだりしないよう、厳重に注意しましょう。ウイルスやバイキン（細菌）をやっつけるための液です。飲み込んだら、健康を害してしまいます。子どもが手に受けた消毒液を舐めたりしないようにしましょう。そして、噴霧式の消毒液の場合は、子どもの顔の近いところに噴射しないように、設置場所や使い方には十分注意を払いましょう。

病原体へのアルコール消毒の効果の違い

アルコール消毒が 有効な病原体	アルコール消毒が 効かない病原体
・バイキン（細菌） ・インフルエンザウイルス ・コロナウイルス ・RSウイルス　等	・アデノウイルス（咽頭結膜熱等の原因） ・エンテロウイルス（手足口病やヘルパンギーナ等の原因） ・ライノウイルス ・ノロウイルス ・ロタウイルス　等

消毒液の取り扱いに注意

子どもは手についた消毒液を舐めるかも！

子どもの顔に噴霧しないような位置に！

4 マスクにも副作用あり！

● 2歳未満はデメリットのほうが大きい

　マスクには、感染した人が病原体を撒き散らすのを防いだり、鼻や口から入ってくる病原体を防ぐ効果があることは、コロナ禍で強調された通りです。N95マスクを日常で用いることは現実的ではありませんが、布マスクやウレタンマスクよりも不織布マスクのほうが予防効果は高いです。着用時の注意点は、鼻も口も確実に覆い、顔に密着するようにすることです。

　ただ、お薬やワクチンに副作用・副反応があるように、マスクにも副作用があります。マスクを着用すると呼吸がしにくくなることがありますし、嘔吐したときは誤嚥の恐れもあります。そのような大変な状態になっても、マスクをしていると顔色・表情の変化や呼吸状態に気づきにくくなるため、大事に至る恐れがあります。特に2歳未満ではデメリット（副作用）のほうが大きくなります。年長児でも、自分でマスクを着脱できずに声も上げられない場合、マスクは危険です。障害のある大人の方がデイサービスの送迎バスの中で、口の中に唾液が溜まり窒息してしまったのに、マスクをしていたため周囲の人が気づかなかった、という事例も報告されています。中国では、体育の授業（持久走）でマスクを着用していて突然死した事例が数件報告されています。夏の暑いときだと、さらに気分も悪くなってしまいます。

● マスクのもう1つのデメリット

　マスクのもう1つのデメリット（副作用）は、子どもたちが相手の表情を読み取れなくなることです。小さい子どもは、表情を読み取ることが年長児や大人と比べて難しく、それを学習する途上にありますが、マスクをつけているとその訓練がうまくいかない恐れがあるのです。

　そのため、マスクに関しては、流行時につけることで感染の拡大を防げますが、①2歳未満の場合、②2歳以上でも自分でマスクの着脱ができない場合、③運動するときや屋外で遊ぶとき、④登下校（特に炎天下）、⑤嘔気があるとき、⑥苦しいときに声をあげられない場合は、注意しなければなりません。

5 基礎体力・基礎免疫力アップ！

● 感染予防に大切なことは

　病原体に曝露されても感染せずにすんだり、感染しても症状が出ないかごく軽い症状ですんだりするために大切なこと、それは基礎体力・基礎免疫力のアップです。だからといって、「免疫力アップ」を謳い文句にしている高い商品を買い求める必要なんてありません。もっとありきたりのことで免疫力はアップします。

　まずは規則正しい生活です。特に早寝早起き、十分な睡眠時間が大切です。免疫系にも日内変動のリズムがあります。規則正しく、お日様にあわせた生活パターンを取りましょう。睡眠は、子どもの体の発育や脳の発達に大切であるだけでなく、免疫力のアップにも重要なのです。

　バランスの取れた食生活も大切です。実は、「低栄養（特に低タンパク）」は人類史上最大の免疫不全の原因です。同じ病気に罹った子どもの致死率が高所得国と低中所得国で大きく異なるのは、医療アクセスの問題だけではないのです。例えば、麻疹は高所得国の健康な子どもでも500～1000人に1人が亡くなる油断のならない病気ですが、低中所得国の乳児だと数十人に1人が亡くなってしまいます。逆に、「肥満」も免疫にはマイナスです。肥満に伴うホルモン異常が免疫機能の低下や炎症の慢性化を引き起こし、多くの感染症（インフルエンザ、新型コロナウイルス感染症を含む）を重症化させます。肥満は、そのほか心臓や肺などの働きに負担をかけることでも、重症化につながっています。加えて、各種ビタミンも免疫の働きをサポートしています。だからといって高額のサプリメントなんて不要です！　バランスのよい食事を心がけるだけで、必要なビタミンは補給できます。

● 最大の敵はストレス!?

　そして一番大切なこと、それはストレスを溜めないように、毎日を生き生きと楽しく過ごすことです。慢性のストレス状態にあると、いわゆるストレスホルモンが溜まっていきますが、これは医薬品のステロイド薬と同じようなもので抗炎症・免疫抑制作用があります。当然、感染症に罹りやすく、重症化しやすい状態に陥るのです。

免疫力が低下する原因

睡眠不足

ストレス

免疫力の低下

肥満

栄養失調

第2章
第1節 ● 日常生活で気をつけること

41

6 病気のときも登園・登校・出勤なんてえらくない！　休む！

● 発病したら家で休む！

　感染症の拡大を防ぐために最も重要なことの1つ、それは発病したらお家で休むことです。絶対に風邪を引かないという人なんかいませんが、日本は「具合が悪くても頑張って登校（出勤）しました！」というのを褒める悪習があります。無遅刻無欠席と内申書に書いてもらうために無理して登校するなんて、全然えらくありません！　まわりが「エライ（大変な）」こと（園内・校内での感染拡大）になってしまうだけです。もちろん、花粉症みたいに人にうつすものではないことがほぼ間違いない場合は別ですし、風邪が治ってきたのに症状がまだ残っているくらいのタイミングならOKですが、急性期であれば本人のためにはもちろん、周囲のためにも休むべきです。「お薬で症状を目立たなくして子どもを預ける」なんてNGです！　発熱と下痢、嘔吐の場合に関しては「登園を控えるのが望ましい場合」と「至急受診が必要と考えられる場合」が「保育所における感染症対策ガイドライン」に示されていますので、参考にしてください（右頁参照）。また、「保護者への連絡が望ましい場合」は、117頁を参照してください。

　ただそうはいっても、小さなお子さんを保育所・幼稚園に預けることができないと、親は仕事を休まなければなりません。コロナ禍で普及しつつあったリモートワークも、残念ながら根づきませんでした。大変なことは重々わかりますけれど、みんなが発病したお子さんを預け続けると、結局保育所・幼稚園・学校の中での流行は次から次に起こって、結果としてお子さんが病気になる回数も増える一方です。

　感染症の種類によって、登園・登校基準が異なりますので、かかりつけの先生に「もう大丈夫」と言ってもらうまでは（感染症によっては医師の意見書を書いてもらうまでは）、保育所・幼稚園・学校をお休みしてもらいましょう。詳しくは、第4章をご覧ください。

登園に関する基準

＜発熱の場合＞

登園を控えるのが望ましい場合	至急受診が必要と考えられる場合
○24 時間以内に 38℃以上の熱が出た場合や、又は解熱剤を使用している場合 ○朝から 37.5℃を超えた熱があることに加えて、元気がなく機嫌が悪い、食欲がなく朝食・水分が摂れていないなど全身状態が不良である場合 ※　例えば、朝から 37.8℃の熱があることに加えて、機嫌が悪く、食欲がないなど全身状態が不良な場合、登園を控えるのが望ましいと考えられる　一方、37.8℃の熱があるが、朝から食欲があり機嫌も良いなど全身状態が良好な場合、一律に登園を控える必要はないと考えられる （例示した発熱時の体温はめやすであり、個々の子どもの平熱に応じて、個別に判断が必要）	○38℃以上の発熱の有無に関わらず、 　・顔色が悪く苦しそうなとき 　・小鼻がピクピクして呼吸が速いとき 　・意識がはっきりしないとき 　・頻回な嘔吐や下痢があるとき 　・不機嫌でぐったりしているとき 　・けいれんが起きたとき ○3 か月未満児で 38℃以上の発熱があるとき

＜下痢の場合＞

登園を控えるのが望ましい場合	至急受診が必要と考えられる場合
○24 時間以内に複数回の水様便がある、食事や水分を摂るとその刺激で下痢をする、下痢と同時に体温がいつもより高いなどの症状がみられる場合 ○朝に、排尿がない、機嫌が悪く元気がない、顔色が悪くぐったりしているなどの症状がみられる場合	○元気がなく、ぐったりしているとき ○下痢のほかに、機嫌が悪い、食欲がない、発熱がある、嘔吐する、腹痛があるなどの諸症状がみられるとき ○脱水症状がみられるとき（以下の症状に注意すること） 　・下痢と一緒に嘔吐　　・水分が摂れない 　・唇や舌が乾いている　・尿が半日以上出ない 　・尿の量が少なく、色が濃い 　・米のとぎ汁のような白色水様便が出る 　・血液や粘液、黒っぽい便が出る 　・けいれんを起こす

＜嘔吐の場合＞

登園を控えるのが望ましい場合	至急受診が必要と考えられる場合
○24 時間以内に複数回の嘔吐がある、嘔吐と同時に体温がいつもより高いなどの症状がみられる場合 ○食欲がなく、水分も欲しがらない、機嫌が悪く元気がない、顔色が悪くぐったりしているなどの症状がみられる場合	○嘔吐の回数が多く、顔色が悪いとき ○元気がなく、ぐったりしているとき ○血液やコーヒーのかすの様な物を吐いたとき ○嘔吐のほかに、複数回の下痢、血液の混じった便、発熱、腹痛等の諸症状がみられるとき ○脱水症状と思われるとき（以下の症状に注意すること） 　・下痢と一緒に嘔吐　　　　・水分が摂れない 　・唇や舌が乾いている　　　・尿が半日以上出ない 　・尿の量が少なく、色が濃い　・目が落ちくぼんで見える 　・皮膚の張りがない ※　頭を打った後に嘔吐したり、意識がぼんやりしたりしているときは、横向きに寝かせて救急車を要請し、その場から動かさない

> コラム

感染症の知っトク……②

保育者（妊婦さん）に気をつけてもらいたい感染症

　小さな子どもたちと密に接する保育者さんは、ほかの大人と比べて感染症に罹るリスクは大きくなります。無症状の子どもが病原体を排出している場合もあり、また、妊娠中に罹ると大変な感染症もあります。気をつけてもらいたい感染症をいくつかご紹介します。

サイトメガロウイルス

　耳慣れないかもしれませんが、サイトメガロウイルスは実はとても身近なウイルスです。知られていない理由は、通常感染しても病気にならないからです。しかし、妊婦さんが感染し、続いて胎児が感染すると、難聴や発達の遅れなどの障害が生じる場合があります。通常規模の保育所であれば、このウイルスは必ず見つかります。「えっ、どこに？」──、それは子どもの唾液や尿です。生まれてすぐに母乳を介してまたは友だちから感染した子どもは、無症状ですが年単位で唾液や尿にウイルスを排出しています。そのため、妊婦さんはオムツを替えたり食事のお世話をしたりして子どもの唾液や尿に触れた場合には、必ず手を洗いましょう。子どもとの食器の共有や、子どもの唇やほっぺへのキスもしないでください。

伝染性紅斑（りんご病）

　伝染性紅斑（りんご病）は、ほっぺが真っ赤になっ

た頃にはもううつりません。その 7 〜 10 日くらい前にウイルスを排出しています。だから流行中、妊婦さんは子どもの唾液や飛沫に注意しましょう。胎児が感染すると、重度の貧血や心不全のために亡くなってしまうことがあるのです。

トキソプラズマ

　最後に、トキソプラズマです。これは、ネコのお腹にいる小さなムシです。人からはうつりません。ネコの糞に潜んでいる卵がいつの間にか庭の土や砂場の中に入り込みます。そのため、ネコの糞の処理、土いじり、砂場遊びのあとの手洗いは必須です。ほかの動物（ウシ、ブタ、トリなどいろいろ）の肉の中にも潜んでいるので、妊娠中は加熱処理が不十分な肉を絶対食べないでください。胎児が感染すると、目や脳に障害を起こすことがあります。

　ほかにも、妊娠中に気をつけてほしい事項をまとめているサイトがありますので、是非下記の QR コードを確認してみてください。

先天性トキソプラズマ＆サイトメガロウイルス感染症患者会「トーチの会」

妊婦から胎児へと感染する母子感染症、その中でもトキソプラズマとサイトメガロウイルスを中心に、正しい知識をホームページ（資料のダウンロード可能）や講義・講演活動などを介して提供し、患者家族同士の交流や情報交換、研究班への協力、国への政策提案などを行っている患者会です。

https://toxo-cmv.org/
（2025 年 1 月 31 日現在）

第2節

保育場面で気をつけること

1 環境衛生の基本

● 標準予防策（スタンダード・プリコーション）

　標準予防策とは、「誰もがなにかに感染している可能性がある」と考えて、感染リスクのあるものへの曝露を最小限にすることです。

　「感染リスクのあるもの」として取り扱うのは、血液、母乳、鼻水、目やに、痰、唾液などの分泌物（汗を除く）、排泄物（尿、便、嘔吐物）などです。まず、素手で触れないよう、使い捨てマスク、使い捨て手袋、使い捨てエプロンで防護します。

　また、子どものけがの手当ての際は、血液への接触を減らすため、必要な物品（使い捨て手袋、不織布ガーゼなど）を「けが手当グッズ」としてまとめて入れておきましょう。

● 健康観察

　朝の受け入れの際に、いつもと変わりないかどうかを観察し、記録します。登園前または登園直後の体温測定だけでは、季節によって外気温の影響も受けやすいため、全身状態も観察しながら個人の健康記録カード等に記録します。家族に体調不良の人がいる場合も所定の場所に記入してもらいます。

標準予防策（スタンダード・プリコーション）

- 使い捨てマスク
- 使い捨て手袋
- 使い捨てエプロン

接触で気をつけるもの
・分泌物
　血液、母乳、鼻水、目やに、痰、唾液等
・排泄物
　尿、便、嘔吐物

●けが手当グッズ

けがの手当てのときに必要な物品をいつでもすぐに取り出せるように、ビニール袋にまとめておく

・使い捨て手袋
・不織布ガーゼ等

健康記録カード（一例）

		月 日( )	月 日( )	月 日( )	月 日( )	月 日( )	月 日( )
	日時						
	体温昨夕	℃	℃	℃	℃	℃	℃
	体温今朝	℃	℃	℃	℃	℃	℃
児童健康欄	咳	□あり □なし	□あり □なし	□あり □なし	□あり □なし	□あり □なし	□あり □なし
	鼻水	□あり □なし	□あり □なし	□あり □なし	□あり □なし	□あり □なし	□あり □なし
	のどの痛み	□あり □なし	□あり □なし	□あり □なし	□あり □なし	□あり □なし	□あり □なし
	嘔吐	□あり □なし	□あり □なし	□あり □なし	□あり □なし	□あり □なし	□あり □なし
	下痢	□あり □なし	□あり □なし	□あり □なし	□あり □なし	□あり □なし	□あり □なし
	その他 食欲なし・機嫌不良等普段と違う様子があれば記入						
保護者	良好	□良好	□良好	□良好	□良好	□良好	□良好
	その他の症状						
	確認欄						

名前

● **学校等欠席者・感染症情報システム（保育園サーベイランス含む）**

「学校等欠席者・感染症情報システム（保育園サーベイランス含む）」（以下、保育園サーベイランスという）は、地域内の感染症流行情報をリアルタイムで情報共有できるシステムです。従来は学校向けのものとして先行稼働していましたが、2010年より保育施設（保育園等）向けとしても稼働しています。
（学校保健ポータルサイト「学校等欠席者・感染症情報システム」：https://www.gakkohoken.jp/system_information/（2025年1月31日現在））

保育園サーベイランス

症状の有無に着目して、その動向を監視・調査することで、感染症の流行を早期探知し、蔓延の予防に役立てる

早期探知とは？

感染者がたくさん出た状態（集団感染）で気づいても、すでに感染症は蔓延し、予防は不可能

発熱や咳、鼻水、喉の痛み、下痢、嘔吐、発疹等の症状を有する子どもがいつもより増えてきた段階で"早期探知"し、感染対策を講ずる

保育園サーベイランスの活用例

日々の症状を有する子どもの人数を記録
早期探知・感染対策のイメージ

地域の流行状況を提示し、保護者へ注意喚起する

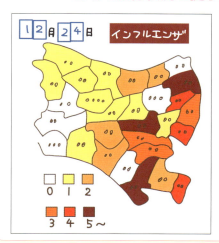

保育園サーベイランスの中で、症状ごとに分類してみることのできるコーナーがある
システムへは、①医師が診断した疾患を登録、②欠席者が未受診の場合に症状を入力（その後受診して診断された場合は修正可能）する
例えば、中学校区別の欠席者の状況に連動して地図上に色が表示される
中学校区の感染状況を保護者へ掲示板等で周知し、注意喚起を図る
・数字は出席停止・疾患の登録の人数を示す。

2 保育者の衛生

● 衛生における保育者の注意点

　多くの子どもたちが毎日、集団で生活する園や学校の場では、感染症が広がらないよう清潔で快適な環境を整えておくことが大切です。そして、人間も「環境」の一部です。特に、大人は子どもよりも体力も免疫力もあるため、感染しても本人が気づかないまま感染源となってしまう可能性があります。まずは保育者自身の衛生をチェックしましょう。

☑ 保育者の衛生面をチェックしよう！

□ 服装と頭髪は清潔にし、爪は短く切っている。

□ 保育中および保育前後には手洗いをしている。

□ 咳をしているとき、くしゃみが特に出るときはマスクをし、咳エチケットを守っている。

□ 発熱、咳、下痢、嘔吐等がある場合は病院を受診し、自身が感染源とならないように取り組んでいる。

□ 下痢、嘔吐の症状、または化膿している傷がある場合は、食べ物を取り扱わない。

□ 自身の予防接種状況や、罹ったことのある病気を把握している。

□ 必要な予防接種を受けている。また、毎年インフルエンザの予防接種を受けている。

※麻疹、風疹、水痘に罹ったことがない、予防接種の記録を見て1歳以上で2回受けていない場合は、自分自身と子どもの双方を守るために、これらの予防接種を受けましょう。

> 接触感染対策：環境衛生

日常の衛生管理
- 日頃から清掃や衛生管理を心がけることが重要である
- 消毒は必要な場所、必要なときのみにおこなう
→ 感染症対策の切り替えをおこなうことが重要

例：食事のときの机はどのように拭いていますか？

- 拭くときは一方向にする
- 拭き戻しはしない
- まず机を水拭きしていますか？
- 台布巾は清潔ですか？
- 消毒は平時（感染症非流行期）は必要ありません。消毒をする場合でも、まずは清潔な台布巾で机を水拭きし、汚れを落とすことが必要です
- 子どもの目の前で、揮発性のある消毒液の使用は避けます

● 保育者の手指衛生

　子どもの成長発達を支える関わりの中で、多くの生活動作を支える保育者の手が清潔に保たれていないと、感染の媒介となってしまうリスクがあります。「時間がない」「忙しい」からといい加減にすませることなく、正しい手洗いと消毒を日常の動作として丁寧におこないましょう（手洗いの仕方は 35 頁参照）。

☑ 手指衛生のタイミングをチェックしよう！

□ 施設に入ったとき：出勤時
□ 子どもの食事準備前 / 食事介助前 / 食事介助後
□ 排泄介助後 / 排泄後
□ 分泌物（鼻水、唾液、血液、体液）等に触れたとき
□ 園外での活動後　□ 動物に触れた後

　日常の手指衛生は、子どもと同様に、石けんをよく泡立ててこすり、流水で洗い流すことと、洗った後はしっかりと水分を拭き取ることが最も効果的な方法です。
　周囲に手洗い設備がなく、手指の清潔が求められる場合は消毒用アルコールを手のひらに取り、指先から手首までの範囲を丁寧に擦り込みます（15 秒以上）。消毒効果は擦り込まれたアルコールが揮発することで得られますから、手指全体の皮膚に擦り込まれていることが大切です。ほんの少量の消毒液を指先につけているだけでは効果は期待できません。

☑ 消毒用アルコール使用上の注意点

□ 消毒用アルコールは大人のみ使用する（アルコールに過敏な人は大人も使わない）。
□ 子どもには使用しない（子どもは流水で手洗い）。
□ 子どもの手の届かない所に置く。
□ 消毒液の成分の確認、使用期限を確認する。

手指消毒の仕方

適量の消毒液をしっかり擦り込むと 15 秒以上かかる！

 ① 消毒液のボトルを下までしっかり押し、十分量を手のひらに取る

 ⑤ 親指も忘れずに！

 ② 片方ずつ順番に指先を薬液につけて消毒する

 ⑥ 片方ずつ順番に手の甲を擦り合わせる

 ③ 手のひらを擦り合わせる

 ⑦ 手首全体に擦り込む

 ④ 指の間に擦り込む

手指消毒の留意点

● 手指に目に見える汚れがあるときは石けんと流水で手を洗う

● 手指消毒用のアルコールは70％以上95％以下を推奨

● 消毒液は15秒以上丁寧に擦り込む

※次亜塩素酸ナトリウム消毒は手指消毒には使用できない

3 室内の衛生

● 毎日の清掃が清潔を保つ

　清潔の基本は、消毒ではなく、清掃です。保育室は清掃が基本となります。ほこりもゴミも多く出ますから、まずはほこりやゴミを取り除きます。食べかすや汚れもあちこちについていますから、洗って乾燥させた布を水道水（法定濃度の塩素が含まれています）で濡らして絞り、拭きます。

　保育室内で、不特定多数の人が触る場所、例えば入口やおとな用トイレのドアノブ、手すり、水道のレバー、スイッチなどは水拭きしたあとに消毒しますが、それ以外の場所を消毒液で拭く必要はありません。ただし、施設内で感染症が発生したり、近隣で発生を探知したりした場合には感染対策の切り替えをおこない、必要に応じて消毒箇所を増やします。

● 換気

　換気は、2方向の窓を開けて1時間に2回程度、数分間（5分程度）おこなうのが有効です。窓が1つしかない場合は部屋のドアを開けて、扇風機やサーキュレーターを窓の外に向けて設置すると効果的です。

　エアコンは換気になりませんし、ウイルス除去機能をうたう空気清浄機であってもそれに頼りっきりでは不十分です。冬期、部屋を閉め切って暖房をかけ続けると、インフルエンザウイルスは1時間で100倍にも増えるそうです。午睡の布団を敷くときや布団を片付けるときなど、園内の生活のタイミングを見計らって、少しでも窓を開けるようにしましょう。

　加湿器を使用する際は、水道水を毎日入れ替えてください。その日の使用後に残った水は捨てて、夜のうちに乾燥させます。残り水はそのままにしておくと、バイオフィルム（生物膜）などが生じる原因になり、レジオネラ症などの感染症につながることもあるからです。

水拭きしたあとに消毒する場所

複数の人が、頻回に（何回も）触れるものは布やペーパータオルを消毒用アルコールで湿らせて拭く。吸い込むと危険なので噴霧はしない。下痢や嘔吐が発生しているときは、消毒用アルコールから次亜塩素酸ナトリウム液に切り替える

蛇口ハンドル・レバー　　玄関やトイレのドアノブ　　手すり　　スイッチ類

効果的な換気

- **窓が2つ以上ある場合**
  2方向の窓を開けて1時間に2回程度、数分間換気をおこなう

- **窓が1つしかない場合**
  部屋のドアを開けて、窓の外へ向けて扇風機やサーキュレーターで送風すると、汚れた空気を室外へ排出できる

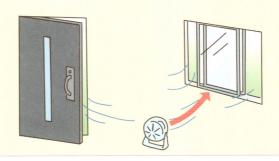

4 食事・おやつにおける衛生

● 日常の清潔

　普段の清掃で、食前にテーブルを拭くのはほこりやゴミを取り除くためです。また、食後にテーブルや床を拭くのは、椅子や床等も含めて食べこぼしやよだれ等の汚れを拭き取り、清潔な状態にするためです。

　「テーブルは清潔な台布巾で水（湯）拭きをして衛生的な配膳・下膳を心がける。食後にはテーブル・椅子・床などの食べこぼしを清掃する」と「保育所における感染症対策ガイドライン」に示されている通り、拭き掃除は清潔の基本であり、日常的な消毒は必要ありません。清掃と消毒は異なるのです。

● 感染対策への切り替え

　施設内で感染症が発生したり、近隣で発生を探知したりした場合は、感染対策へ切り替え、必要な場所に必要な方法の消毒をします。

　基本的な消毒方法は、まず当該表面にある有機物（唾液、吐物など。目には見えなくても）をしっかり取り除いたあとで、消毒液につけて絞った布巾で拭きます。スプレーボトルを使ってシュッシュッと吹き付ける"消毒もどき"はやめましょう。噴霧は推奨されていません。噴霧は消毒液が対象についたかどうかがわからず、子どもの周囲で使うことで薬が目に入ったり、吸い込んだりする危険もあります。

☑ テーブルの拭き方をチェックしよう！

□ 台布巾は清潔か。

□ 机を水拭きしているか。

□ 感染症が発生しているときは消毒をしているか。

□ 上記の場合でも、まず清潔な台布巾で水拭きをして汚れを落としているか。

□ 子どもの目の前で揮発性のある消毒液を使っていないか。

5 調乳における衛生

● 調乳室内の環境整備

　調乳室内では食品を取り扱うため、清潔な環境整備が必要です。調乳室は、普段の清掃でも、調理台やテーブルを使うたびに消毒液（次亜塩素酸ナトリウム）で消毒します。また、調乳するときの注意として、大人の手を介して細菌やウイルスがミルクに混入しないようにするため、保育者に嘔気や嘔吐、下痢などの症状や化膿している傷などがある場合には調乳できません。

● 調乳時の注意点

☑ ミルク（乳児用調整粉乳）の調乳方法

□ 調乳時には手洗いをし、調乳用の清潔なエプロンをする。

□ 哺乳瓶や乳首等の調乳器具は、消毒して衛生的に保管する。

□ ミルクは使用開始日を記入して、衛生的に保管する。

□ 調乳には食中毒対策として、一度沸騰させた 70℃以上のお湯を使う（混入の可能性のあるサカザキ菌※の増殖を防ぐため）。

□ 調乳後 2 時間以内に使わなかったミルクは捨てる。

※　広く分布する細菌で、乳児の摂取は「敗血症」や「壊死性腸炎」、重篤な場合は「髄膜炎」を併発することがある。粉ミルクの製造過程で混入するリスクがあり、乾燥した粉ミルクの中で長期間生存できる。粉ミルクを 70℃以上のお湯で調乳するのは病原菌を殺菌するためである。

☑ 冷凍母乳の取り扱い

□ 母乳を介して感染する感染症もあるため、保管容器には名前と搾乳日時を書いておく。

□ 解凍は流水で行い、哺乳瓶に母乳を移し替える[1]。

□ 哺乳瓶ごと、40℃前後のぬるま湯で人肌程度に温める[2]。　　□ 飲み残しは捨てる。

※ 1　常温の自然解凍は時間がかかり、細菌が繁殖しやすい。
※ 2　熱湯や電子レンジによる温めは、母乳成分を破壊する可能性がある。

調乳従事者等の衛生管理点検表（一例）

　　　　　　　　　　　年　　月　　園長○○○○　　責任者○○○○

	調乳者　氏名	10/1	10/2	10/3	10/4
1	健康診断・細菌検査の結果に異常はない				
2	調乳従事者の健康：下痢・嘔吐等はない				
3	調乳従事者の家族の健康：下痢・嘔吐等はない				
4	化膿している傷はない				
5	爪は短く切っている				
6	指輪やマニキュアをしていない				
7	手指や顔面に化膿した傷はない				
8	手洗いを丁寧に行っている				
9	清潔な調乳用エプロン・三角巾を着用している				
10	頭髪は清潔に束ねて、三角巾に入っている				
11	トイレには、調乳用エプロンと三角巾を外して入っている				
特記、改善したこと					

6 子どもの手指の衛生

● 泡タイプで洗うとよい

　子どもは石けんを用いて、流水でしっかり手洗いをしましょう。石けんは泡立てることで汚れを落とす効果がありますが、子どもはまだ手を擦り合わせる動作が十分にできないため、泡タイプの製品が用意できれば効果的です。子どもが一人で立っていられるようになったら、保育者が声をかけて、手洗いが楽しくて気持ちのよい体験になるように支援していきましょう（手洗いの仕方は 35 頁参照）。

　お手拭き（おしぼり）は、食事中の口や手の汚れを落とすことが目的です。食事前は水道での手洗いが望ましいです。園では給食やおやつの際に、新しいものを水（湯）に浸して絞って使うので毎日 2 〜 3 枚使用します。

☑ お手拭き（おしぼり）を使うときの注意点

□ 個別に用意して他児と共有しない。

□ 1 回ごとに取り換える。

□ 不潔なまま使わない（同じものの使いまわしをしない）。

● 手拭きはペーパータオルで

　手を洗ったあとは丁寧に水分を拭き取ることが大切です。手を拭く際は、ペーパータオルか個人で持参したタオルを使います。経済面や環境面を考えるとタオルのほうがよいのですが、集団保育における感染症の予防を考えるとペーパータオルのほうが安全です。

　拭き残して湿ったままでは不快であるだけではなく、細菌の繁殖のもとになることもあります。食事前や排泄後はペーパータオルを使用し、保育活動の間は年齢によって個別タオルを使うなど、使い分けてもよいでしょう。

手洗いの環境整備

留意点

- 汚染されやすい場所：水道のレバー、液体石けんのポンプのヘッド
- 石けんは液体せっけんが望ましい
- 液体せっけんのポンプは定期的に洗浄し、乾燥してから補充する
- 液体せっけんの細菌繁殖を予防するために継ぎ足しはしない
- 手洗い後の手拭きはペーパータオルか個別タオルを使用する
- ※感染症の流行期はペーパータオルが望ましい

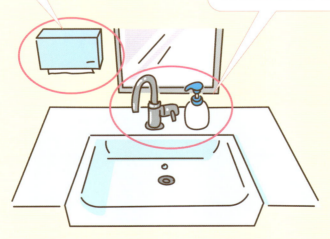

ペーパータオルは上から下へ引くタイプが衛生的

汚染されやすい水道レバーや液体石けんのポンプのヘッドは日常の清掃時にアルコールで拭き仕上げをする

7 歯ブラシの衛生

● 歯ブラシを持たせる時期

　歯磨きは、基本的な衛生習慣の１つです。保育施設では集団の利点を活かして、友だちと一緒に楽しく歯磨きの習慣がつくように援助します。１歳から歯ブラシを持たせて職員が仕上げ磨きをしている施設もありますが、自分で磨けるようになる年少児クラスから歯磨きを始めている施設が多いようです。

　歯ブラシの使用は、のど突き事故のリスクを伴うため、保育施設は食後の口ゆすぎのみとすることもできます。

● 歯ブラシの管理方法

　歯ブラシを使うのであれば、管理上大切なことは「乾燥」です。濡れた歯ブラシは細菌繁殖の温床になるため、使用後は個別に水でしっかりすすぎ、ブラシを上にして風通しのよい場所で乾燥させます。

　歯ブラシを保育施設で管理する場合は、熱湯をかけて日光に当てる、専用の薬液で消毒するなどします。他人のものを使わせず、保管時に歯ブラシ同士が接触しないようにします。毎日自宅に持ち帰っている場合は、歯ブラシが清潔に使用できるように家庭での洗浄と乾燥を保護者にお願いします。保護者が清潔に管理しやすいよう、歯ブラシを２本用意して、ローテーションしながらしっかり乾燥してもらいましょう。

● 歯ブラシの交換時期

　歯ブラシは「毛先が開いてきたら交換しましょう」と言われていますが、１か月程度で毛のコシが失われ、歯垢をおとす効果も低下してしまうため、１か月に１回程度の交換が望ましいでしょう。

　口の中には常在菌といわれる細菌が存在しており、使用後の歯ブラシには１億個以上の細菌がいるといわれています。歯ブラシの見た目に変化がないと、交換するのはもったいないと感じてしまうかもしれませんが、歯ブラシは消耗していくものです。機能面も衛生面も維持するために、定期的に交換しましょう。

歯ブラシの管理方法

衛生管理の基本は　　除菌　＋　乾燥

熱湯や薬剤をかけて日光に当てるまたは除菌器を使う

週に1回程度、1〜2時間ほど日光（紫外線）の当たる場所に置いておくと、歯ブラシに付着した雑菌を殺菌できる

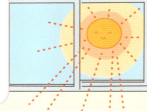

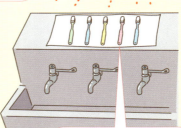

歯みがき後、歯ブラシに付着する細菌の数は1億個以上！　不衛生な歯ブラシは口腔のトラブルの元

保護者が歯ブラシを持ち帰っている場合は2本用意してもらい、ローテーションして使う。このときも、洗ってきちんと乾かしてもらうことがポイントとなる

8 おもちゃの衛生

● 日常の管理について

　おもちゃを清潔にする大きな目的は感染予防です。乳児はなんでもなめたりしゃぶったりします。このしゃぶったおもちゃにウイルスや細菌がつき、他児が使うことで感染します。口に触れる乳児のおもちゃは、午前・午後で交換し、他児がすぐ口にすることがないようにその都度洗ったり、使用後のおもちゃ入れに区別してあとで洗い、乾燥させましょう。

　おもちゃの種類は、洗えるものと洗えないものなどに分けられますが、感染症の流行時は衛生管理のしやすい洗えるものを用意するとよいでしょう。人気のあるおもちゃ（積み木やブロック等）は数量を増やして、子どもたちが存分に遊べる環境をつくることも大切です。日常の管理では、年長児と一緒に、使っているおもちゃの数がそろっているか、使いやすく清潔になっているかを見ていくとよいでしょう。

● 消毒について

　日常的なおもちゃの衛生管理では、消毒は必要ありません。ぬいぐるみや布類は定期的に洗濯して干す、洗えるおもちゃは洗って干す、洗えないものは清潔な布巾で水（湯）で拭いて干すなどして清潔に管理します。

　しかし、季節や天候によっては干しても乾かない場合、スプレーボトルに消毒液を入れておもちゃに吹きつけておしまい、といったことはありませんか？　消毒液の噴霧については、目に入る・吸い込むことで健康被害につながることから、「保育所における感染症対策ガイドライン」では推奨されていません。

☑ こんな工夫で衛生的に管理

□ 洗濯できるものは洗濯して乾燥機にかけるか干す。

□ 水をかけて洗えるものは流水で洗い流す。

□ 洗濯や洗い流しができないものは、次亜塩素酸ナトリウムの薄め液で拭いて乾燥させる。

□ おもちゃや道具は数を増やしてローテーションする。

おもちゃの具体的な管理

	ふだんの掃除	消毒方法 （下痢や嘔吐が発生した場合）
ぬいぐるみ 布類	・定期的（週1回程度）に洗濯をし、干す ・汚れたらそのたびに洗濯する	・便や嘔吐物で汚れたら汚れを落として、次亜塩素酸ナトリウム300倍希釈液に10分浸し、水洗いする ＊汚れがひどい場合には処分する
洗えるもの （プラスチック等）	・定期的に流水で洗い、干す 　乳児クラス：週1回程度 　幼児クラス：3か月に1回程度 ・乳児がなめるものは毎日洗う	・便や嘔吐物で汚れたら、洗浄後に次亜塩素酸ナトリウム300倍希釈液に浸し、日に当てる
洗えないもの （木製等）	・定期的に湯で拭き、干す 　乳児クラス：週1回程度 　幼児クラス：3か月に3回程度 ・乳児がなめるものは毎日拭く	・便や嘔吐物で汚れたら、汚れをよく拭き取り、次亜塩素酸ナトリウム300倍希釈液で拭き、日に当てる

・乳児がなめるおもちゃは、使用後に入れる箱を用意し、毎日洗ったり拭いたりして清潔を保つ
・子どもに人気である、皆で遊ぶおもちゃ（ブロックや積み木）等は数を増やしてローテーションする

9 寝具・プール・砂場の衛生

● 寝具

　寝具やコットベッドはカバーをかけて清潔に使用します。カバーは定期的に家庭に持ち帰り、洗濯をお願いします。布団は定期的に乾燥させます。

　尿・便・嘔吐物などで汚れた布類は、水洗いのあと、熱湯（85℃以上の湯）に浸すかスチームアイロン（85℃以上）の熱を当てて消毒してから、洗剤で洗濯します。

● プール

　プールに使用する水は遊離残留塩素濃度が 0.4 mg /L ～ 1.0 mg /L に保たれるように毎時間水質検査をし、濃度が低下している場合は消毒薬を追加します。簡易ミニプールも塩素消毒をします。

　自分で排泄できない乳幼児は、個別のたらいなどでプール遊びをして、ほかの子どもたちと水を共有しないようにします（たとえ年齢が大きくても、排泄が自立していない子どもは同様です）。

　プールに入る前にはシャワーで汗やお尻の汚れを落とします。プールを出たあともシャワーで髪や肌を清潔にします。

● 砂場

　砂場は定期的に掘り起こして、砂全体を日光消毒します。

　砂場はイヌやネコなどが原因の寄生虫や大腸菌で汚染されることがあるため、使用していない時間帯は必ずシートなどで覆い動物の侵入を防ぎます。

　毎朝、子どもたちが使用する前に、糞や尿がないか点検をし、糞や尿があった場合は、スコップで周囲の砂を含めて多めに取り除いて捨て、消毒液（次亜塩素酸ナトリウム 0.1％液）をかけて消毒します。

プールの衛生上の留意点

プールに入る前に！

皮膚の状態⇒水いぼ、とびひに注意！

水いぼの場合：プールの水では感染しないので、プールに入ってもよい。ただし、ビート板や浮き輪の共有は避けるようにする

とびひの場合：プールの水で感染することはないが、自分の症状を悪化させたり、着替えなどの際に他人にうつすことがあるため、完全に治るまではプールには入れない

体調⇒下痢がある、咳や鼻水が多いときはNG！

使用する水は遊離残留塩素濃度が0.4mg/L～1.0mg/L

月齢で判断せず、排泄が自立していない子どもは個別に！

参考：日本学校保健会（2024）「学校において予防すべき感染症の解説（令和5年度改訂）」
　　　日本皮膚科学会「皮膚科Q&A」

10 排泄場面の衛生

● 区域を分ける

　排泄場面では「排泄物を介した接触感染対策」が重要になります。特に園等で流行しやすいノロウイルスやアデノウイルス、エンテロウイルスなどを原因とする感染症、手足口病、ヘルパンギーナ、咽頭結膜熱は、症状が消失したあとも、一定期間糞便からウイルスが排出されます。症状の有無にかかわらず、日頃から接触感染予防策をおこなうことが重要です。

● 各区域の衛生

　施設内は、清潔度合いの必要性に応じて、区域を分けます。そして、それぞれに応じた環境衛生を保つことが重要です。基本的に、排泄物やオムツなど汚染されたものを取り扱う汚染区域と非汚染区域、なかでも、汚染区域と清潔区域が交差しないよう留意します。

各区域の衛生管理

【清潔区域内での留意点】	【汚染区域内での留意点】
● 区域に入るときは流水と石けんで手洗いをする ● 清潔な服装で作業する ● 汚れているものは持ち込まない ● 清潔区域で使用する物は区域外に持ち出さない	● 衣服が汚染される場合には、使い捨てのエプロン等を着用する ● 必要なスタンダード・プリコーションをおこなう ● 汚染区域を出るときには流水と石けんで手を洗う ● 清潔なものを不用意に持ち込まない（清潔なテーブル用布巾など）

清潔区域や汚染区域はその区分が誰にでもわかるようにする

汚染・非汚染の区域分け

区域		該当する場所
非汚染区域	清潔区域：常に清潔にしておく場所	調理室、調乳室、給湯室等
	清潔区域以外の非汚染区域：衛生を保つ場所	食事や睡眠をとる場所、保育室、遊戯室、職員室等
汚染区域	大腸菌等病原体に汚染されやすい場所	トイレ、オムツ交換場所、ごみ置き場、汚物処理室等

汚染区域と非汚染区域では人や物が交差しないよう動線を検討する

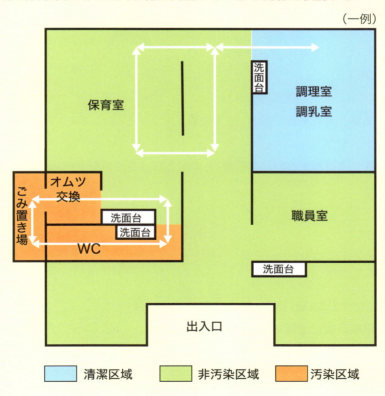
（一例）

● 汚染区域の衛生

トイレやオムツ交換場所、オムツの廃棄場所は、1日1回以上清掃と消毒を行います。

汚染区域（手洗い）の清掃と消毒

留意点

- 実施者は、使い捨てのエプロン、手袋、マスクを着用する
- 清掃は、汚染が少ない場所からより汚染が多い場所の順でおこなう
  例）手洗い場→ドアの取っ手→トイレットペーパーホルダー→水洗洗浄レバー→手すり→便座→床
- 消毒は汚染を取り除いてから実施する
  ※汚染物は消毒効果を下げるため
- 排泄物を取り扱う場所は次亜塩素酸ナトリウム消毒液を用いる
  ※環境消毒：0.02％次亜塩素酸ナトリウム
  ※汚染部の消毒：汚れを取り除き、0.1％次亜塩素酸ナトリウム
- 終了時は適切に使い捨ての物品を破棄し、流水と石けんで手を洗う

汚染区域の汚物処理

留意点

- オムツ処理バケツ（ゴミ箱）は蓋付きを使用し、子どもが触れない汚染区域に配置することが望ましい
- オムツ処理バケツは1日1回消毒する
- 排便後のオムツは、ビニール袋で毎回密閉する

● 排便時のオムツ交換

排泄物には、感染症の原因となる病原体がたくさん潜んでいます。オムツ交換をするときは、食事をする場所の近くは避け、決められた場所で、必ず使い捨て手袋をしておこないます。

下痢の場合には、使い捨てのマスクとエプロンも着用します。処理が終わったあとも、手指の衛生をきちんとおこないます。

> 必要物品
> - 使い捨て手袋
> - 新しいオムツ
> - ビニール袋（2枚）
> - 使い捨て防水シート（2枚）
> - おしりふき
>
> （下痢の場合：使い捨てマスク、使い捨てエプロン）

① 2枚の防水シートの間にオムツを挟み、それらを敷く

② 子どもを寝かせ、手袋を着用する

③ オムツを開き、おしりをきれいに拭く

④ 汚れたオムツを外し、防水シートと一緒に丸め、ビニール袋へ捨てる

⑤ 手袋を外し、新しいオムツを当てる。もう1枚の防水シートを外し、手袋と一緒にビニール袋へ捨て、二重に密封する

⑥ 処理のあとは換気し、手洗いをする

※オムツ交換台は1日1回拭く（次亜塩素酸ナトリウム消毒液）

注意！ 排便時、子どものおしりをシャワーで洗うことは感染拡大につながるので控える

参考：全国保育園保健師看護師連絡会「保育所における感染症対策」

11 嘔吐物処理の衛生

● 事前の準備が大切

　すみやかに対応できるように、事前に物品の準備をしておくようにしましょう。

　乳幼児の集団生活の特徴は、子どもの排泄が自立していないために保育者の介助が必要なこと、子ども自身が感染症対策に必要な衛生習慣の確立途上であることなどが挙げられます。

　そのため、介助する保育者を媒介して感染を広げないこと、発達段階に見合った衛生に関する健康教育をおこなうことが大切です。

嘔吐物処理（1）
＜嘔吐物処理の必要物品（例）＞

- 使い捨てエプロン（ガウン）
- 使い捨て手袋
- 使い捨てマスク
- 使い捨てシューズカバー
- 次亜塩素酸ナトリウム消毒液
- バケツ
- ビニール袋
- 使い捨てシート
- 拭き取るための布
- ペーパータオル　など

使用消毒液と濃度：
0.1％次亜塩素酸ナトリウム

バケツに線を引いておく

嘔吐物処理（2）
＜嘔吐物の処理：応援を呼ぶ＞

① まず子どものそばを**離れず**、応援を呼び、嘔吐セットを持ってきてもらう

② 応援に来た職員はほかの子どもたちを**別室に移動**させる

③ 嘔吐物を**シート等で覆い**、汚染物の拡散を防ぐ

嘔吐物処理（3）
＜嘔吐物の処理：子どもの着替え＞

④ 対応する人は使い捨てのマスク、手袋、長そでのエプロン、シューズカバー等を着用する

⑤ 嘔吐物が付着した衣類を脱ぐ不潔区域、新しい衣類を着用する清潔区域を作り、着替えをおこなう

⑥ 汚染された衣類はビニール袋を二重にして密封する

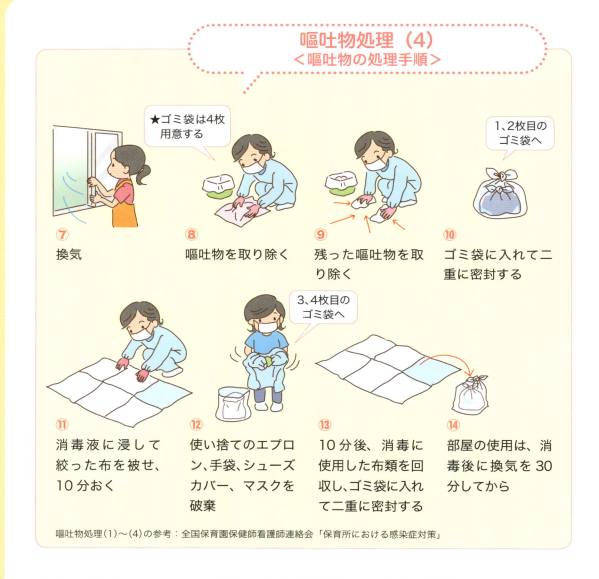

12 総点検！　日常の衛生管理と感染予防

　本章第2節では、さまざまな場面での衛生についてお話ししてきました。感染予防のために気をつけたい衛生管理について右頁のチェック表にまとめましたので、日頃からの確認事項として活用してください。

日常生活の衛生管理と感染予防

日常の保育でやっていることはチェック欄に☑をつけ、つかなかった項目は覚えて実践していこう

場面	行うこと	チェック
手洗い	石けんを泡立てて、流水で洗浄する。	☐
	床、便、血液、唾液、眼脂、傷口の浸出液などの体液に触れた場合には、必ずきちんと手洗いをする。	☐
咳・くしゃみへの対応	口、鼻をティッシュなどで覆い、使用後は捨てる。ハンカチなどを使用する場合は共有しない。	☐
	ティッシュやハンカチがない場合は、手ではなく、袖や上着の内側で口や鼻を覆う。2歳児未満や障害のある場合のマスク着用は誤嚥や窒息などの危険性があるため注意をする。	☐
嘔吐物・便の取り扱い	嘔吐物はゴム手袋、マスクをして、ペーパータオルや使い古した布で拭き取る。拭き取ったものはビニール袋に二重に入れて密封し、破棄する。嘔吐物や下痢便のついた衣類などは破棄するか、0.1%次亜塩素酸ナトリウムなどで消毒する。	☐
	消毒剤の噴霧は効果が薄く、逆に病原体が舞い上がり、感染の機会を増やしてしまうためおこなわない。	☐
	下痢でなくても、排便後は石けんで手を洗う。	☐
血液・体液の取り扱い	すべての血液や体液には病原体が含まれていると考え、鼻出血や傷口などに触れる場合は使い捨て手袋を着用し、終了後は手洗いをおこなう。	☐
	皮膚に傷や病変がある場合は絆創膏などで覆う。	☐
清掃	床、壁、ドアなどは水拭きでよい。ドアノブ、手すり、ボタン、スイッチなどは、水拭きしたあと、1日1回の消毒（アルコール類でよい）が望ましい。ただし、ノロウイルスの流行期は0.02%次亜塩素酸ナトリウムなどを使用する。	☐
	トイレの床、便座、汚物槽やオムツ交換台、オムツ交換マット、オムツ入れバケツは1日1回0.1%次亜塩素酸ナトリウムで拭き掃除をする。	☐
	子どもがなめたり、よだれがついているおもちゃは洗浄して乾燥させる。	☐
	屋外掃除では、蚊の産卵を減らすために、植木鉢の受け皿や古タイヤなどの水たまりをつくらないようにする。溝の掃除をして、水の流れをよくする。	☐
	空気感染対策のため、こまめに部屋の換気をおこなう。	☐
プール	プールの水質基準である0.4〜1.0 ppmの塩素濃度を守る。簡易ミニプールについても塩素消毒をする。	☐
	プール前後はシャワー等を用いて体をよく洗う。プール後はうがいをする。	☐
野外活動	緑の多い木陰、やぶ等、蚊の発生しやすい場所に立ち入る際には、長袖や長ズボン等を着用し、肌を露出しないようにする。	☐
職員の衛生管理	集団生活施設では、職員が感染源となることがあるため、職員の体調管理に気を配る。清潔な服装と頭髪を保つ。爪は短く切る。	☐
	食事介助のエプロンは、食事専用のものを使う。	☐
予防接種	通常の予防としてワクチンに勝るものはない。感染症発生時に迅速な対応ができるよう、職員および子どもたちの予防接種歴を把握し、記録を保管する。	☐

参考：日本小児学会（2023）「学校、幼稚園、認定こども園、保育所において予防すべき感染症の解説」

コラム

感染症の知っトク……③

意外!? うがいの不都合な事実

　感染予防対策として日本では常識になっている「うがい」ですが、実は海外では一般的ではありません。それどころか、人前でガラガラゴロゴロと音を立て口に含んだ水をベッと吐き出すなんて、欧米人にとってはエチケット違反もいいところです。

　そんな背景もあって、海外ではうがいが感染予防に効果があるかのエビデンスとなるデータはなく、「迷信」扱いしている研究者もたくさんいます。鼻に吸い込んだウイルスはうがいでは取り除けませんし、15分おきくらいに小まめにうがいをし続けない限り、喉にくっついたウイルスが細胞の中に侵入するのは防げないともいわれています。

　では、本当に効果はないのでしょうか？　うがいの予防効果を調べた研究が、1つだけ日本から発表されています。ボランティア384名を集め、①うがいをしない人、②水でうがいをする人、③ヨード液でうがいをする人に分けて、60日間のあいだに風邪をひいたかどうかを記録してもらったのです。結果は、「水でうがいをした人は、うがいをしなかった人と比べて、風邪をひく確率が40％減り、風邪をひいても症状が軽かった」というものです。そして、面白いことに「ヨード液でうがいをしても、うがいをしなかった人と風邪をひく確率はほとんど変わらなかった」というのです。

　つまり、うがいは「多少は」風邪の予防に効果がある。その一方で、ヨード液を使うとプラマイゼロになる（おそらくヨード液でウイルスやバイキンを殺せる一方で、喉の粘膜が傷んでしまい、次にウイルスがくっついたときに侵入しやすくなるのかもしれません）。なお、この研究は「風邪症状」を調べただけです。例えば、インフルエンザに効くのか新型コロナウイルス感染症に効くのかとかはわかりません。そういうこともあって、感染予防策としての「うがい」は強くは勧められていません。

第3章

発症したら
―――対応策の見える化

第1節 症状について

1 子どもの体調で観察すること

● 「いつもと違う」が大切

　子どもの様子がおかしいことに気づくきっかけはいろいろあります。例えば、咳、くしゃみ、鼻汁、嘔吐、下痢、発疹のようにはたから見てすぐにわかる症状です。ほかにも、食欲がない（赤ちゃんなら哺乳が少ない）、息づかいが変である（息が速い、息をする音が変）、おしゃべりできる子どもならば痛みや嘔気、息苦しさや疲れなどの訴えがあるなど。また、泣いたり機嫌が悪かったり、グッタリしている。異常に興奮したり、変なことを口走ったり、わけのわからない行動を取る、そして発熱です。しかし、そうした明らかな症状が認められなくても、「なにか変。いつものこの子と違う」という保護者の直感も、とっても大切です。

　保育者や保護者は、子どもの様子をしっかり観察し、記録に留めておくと、小児科医や看護師に相談する際の参考になります。子どもがどういう状態であればかかりつけ医に診てもらったほうがよいのか、こども医療でんわ相談 #8000 に連絡したほうがよいのか、大急ぎで救急車を呼んだほうがよいのか。これらの判断は、子どもの健康・命を守るうえでとっても重要になります。

● こども医療でんわ相談 #8000 とは

　保育者は直接関係しないかもしれませんが、夜間や休日の対応について保護者に情報提供しておくとよいでしょう。病院などが閉まっている時間帯に、子どもの症状・状態にどのように対処したらよいのか、病院を受診したほうがよいのかなどの判断に迷ったときに、小児科医や看護師に電話で相談できます。それが「こども医療電話相談事業」です。全国同一の短縮番号 #8000 をプッシュすると、お住まいの地域の総合窓口に自動転送されて、小児科医や看護師とお話しして適切な対処の仕方や受診する医療機関等のアドバイスを受けることができます。

子どもの体調がおかしいときは

- 家で様子を見て大丈夫かしら？
- かかりつけの先生？でも時間外だし...
- #8000だったっけ？電話相談もあったわよね
- 救急車を呼んだほうがいいのかしら？

主訴別相談件数の割合

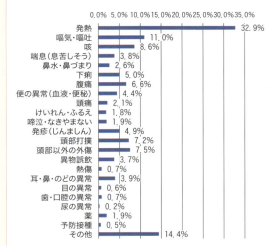

主訴	割合
発熱	32.9%
嘔気・嘔吐	11.0%
咳	8.6%
喘息（息苦しそう）	3.8%
鼻水・鼻づまり	2.6%
下痢	5.0%
腹痛	6.6%
便の異常（血液・便秘）	4.4%
頭痛	2.1%
けいれん・ふるえ	1.8%
啼泣・なきやまない	1.9%
発疹（じんましん）	4.9%
頭部打撲	7.2%
頭部以外の外傷	7.5%
異物誤飲	3.7%
熱傷	0.7%
耳・鼻・のどの異常	3.9%
目の異常	0.6%
歯・口腔の異常	0.7%
尿の異常	0.2%
薬	1.9%
予防接種	0.5%
その他	14.4%

緊急度判定（受診の判断）

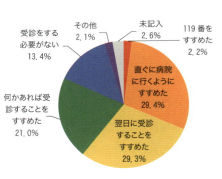

- 受診をする必要がない 13.4%
- その他 2.1%
- 未記入 2.6%
- 119番をすすめた 2.2%
- 直ぐに病院に行くようにすすめた 29.4%
- 翌日に受診することをすすめた 29.3%
- 何かあれば受診することをすすめた 21.0%

資料：厚生労働省「令和5年度 #8000 情報収集分析事業」

2 熱、こんな場合は要注意！

● 熱の高さ≠一大事

　子どもが発熱すると一大事とばかりに心配することでしょう。しかし、熱の高さが病気の重さを決めるわけではありません。また、熱の原因のほとんどは深刻なものではありません。子どもの全身状態が悪くなければ大慌てする必要はありません。ただし、いくつか注意したほうがよいケースもあります。

● 注意したいケースー生後90日未満の赤ちゃん

　生後90日未満の赤ちゃんの発熱は、必ずすぐに小児科医を受診しましょう。この時期の発熱は、それ以降の発熱と比べると重症の細菌感染症の可能性が高く、その場合、進行が早く、診断が困難になります。新生児（生後28日以内）の発熱は、状態が元気そうであっても、必ず入院となります。必要な検査を一通りおこなったうえで、細菌感染症を想定した治療（抗菌療法）が直ちに開始されます。検査結果で特に気になるものがなく、赤ちゃんの状態が良好ならば、治療をやめて退院できます。もし、なにか重大な病気（例：細菌性髄膜炎、敗血症、尿路感染症）が見つかったら、必要な期間しっかりと治療を続けることになります。

　新生児期を過ぎても生後90日未満ならば、小児科医が丁寧に問診し、診察して、必要に応じて迅速な検査をおこなったうえで、入院の必要性を判断します。

● 注意したいケースー長く続く熱

　原因不明の熱が長く続く場合は、背後になにか基礎疾患（特殊な感染症以外にリウマチ性疾患、悪性腫瘍などの重大な疾患）が潜んでいることがあるので、必ず小児科医を受診しましょう。「不明熱」の医学的定義は「発熱が3週間以上続く」「38℃以上が何度か確認される」「外来で3回、入院で3日間適切な検査をおこなっても原因が見つからない」ものとしていますが、3週間を待つ必要はありません。元気そうでも、1週間以上熱が続くようなら受診してください。なお、熱が続く場合には体温測定の結果（何日の何時に何℃）や、解熱薬を使った場合はその種類や量、時刻を記録しておくと、診断の助けになる場合があります。病気によっては体温の上がり下がりのパターン（「熱型」といいます）に特徴がみられる場合があるからです。

発熱！ さぁどうする⁉

うちの子、熱があるわ！ どうしたらいいかしら？

新生児の発熱は、元気そうに見えても入院・精査・経験的治療を開始する

90日未満の乳児の発熱は、小児科医がリスク評価をしたうえで対応を決める

- 元気がない　または　診察で局所感染徴候あり → Yes → 入院・精査[2]
- No ↓
- リスク因子[1]がある → Yes → 入院・精査[2]
- No ↓
- 細気管支炎の所見がある → Yes → 入院
- No ↓
- 外来で経過をみる

1) 重症細菌感染症のリスク因子
- 体温 ≧ 38.6℃
- 早産（在胎週数 < 37週）
- 先天異常・染色体異常
- 医療的ケア児
（例：在宅酸素、在宅人工換気、中心静脈カテーテル留置）
- 過去7日以内に抗菌療法

2) 発熱入院患児に行う精査の例
- 血算・白血球分類
- 血糖
- 血液培養
- 検尿
- 尿培養
- 髄液検査
- 髄液培養
- 髄液ウイルス検査
- （呼吸器症状・呼吸困難の所見があれば）胸写
- （便の異常があれば）便培養
- （インフルエンザ、COVID-19、RSウイルスの流行時期であれば）抗原検査またはPCR検査

3　咳、こんな場合は要注意！

● 長引く咳は油断大敵

　咳は風邪の症状としてよくみられるものですが、嘔吐を伴うくらいに激しい場合や息苦しさを訴える場合は要注意です。風邪っぽい様子はみられなかったのに、急に咳や息苦しさが出現する場合はアナフィラキシー（重症アレルギー反応）かもしれません。元々アレルギーの診断を受けている場合は、それを疑って直ちに対応しなければ、命に関わることもあります。

　また、咳が何週間も続く場合があります。多くは、風邪をひいたあとで咳を引き起こす受容体や、そこからの神経反射が過敏になってしまった「感染後咳嗽」と呼ばれる状態で、しばらくすると自然に治ります。しかし、いろいろな病気が長引く咳の原因となっている場合もあり、油断はできません。

　マイコプラズマ肺炎は、肺炎といいながらもあまり重症感がなく、咳だけ長く続くことがあります。慢性副鼻腔炎も、後鼻漏のために咳が長く続くことがあります（100頁参照）。ほかにも、長引く咳の患者さんを調べてみると、百日咳や肺結核のように注意しなければならない感染症が見つかることもあります。

● 感染症以外の呼吸器疾患やそのほかの原因も

　感染症以外にも、気管支喘息（咳が目立つものは咳喘息と呼んだりします）や受動喫煙も長引く咳の原因だったりします。誤嚥（飲み物・食べ物、唾液、なんらかの異物が誤って気管の中に入ってしまうこと）も咳の原因となります。比較的小さな異物が残ったままだと、その刺激で慢性的な咳が出ます。また、嚥下機能が衰えていると、誤嚥を繰り返して慢性的に咳や息苦しさを訴えたりします。胃食道逆流症、つまり胃液が食道に逆流する病気では、胸やけのほか、喉まで上がってきた胃液の刺激によって、咳を繰り返すことがあります。

　以上のように、長引く咳の原因は多様であり、それぞれ対処の仕方が異なりますので、かかりつけ医を受診して相談してください。必要に応じて、専門医療機関を紹介されるでしょう。

長引く咳の背景には？

咳が長く続くのは

- マイコプラズマ肺炎
- 慢性副鼻腔炎（後鼻漏）
- 百日咳
- 肺結核
- 気管支喘息（咳喘息）

- 受動喫煙
- 誤嚥（気管支異物）
- 胃食道逆流症

のせいかも？

かかりつけ医に相談！

4 嘔吐・下痢、多汗、水を飲めない状態が続く場合は要注意！

● 子どもは必要な水分量が多い

　吐いたり下痢をしたり、たくさんの汗をかいて体から水分がどんどん出ていくのに、水分を口から十分に補うことができないと、脱水症を起こして命に関わることがあります。子どもは、大人と比べて体重当たりの必要な水分量が多いです。1日に必要な水分量は、体重1kg当たり大人だと30～40mℓですが、3歳児では100mℓ、1歳児では120mℓ（体重10kgの子どもだと1日に1.2ℓ）、そして新生児では150mℓです。

　赤ちゃんの場合、体重の10%以上の水分が失われると、命に関わる重症の脱水状態に陥ります。例えば、体重6kgの赤ちゃんだと600mℓの水分に相当します。この赤ちゃんが1日6回、1回に150mℓのミルクを飲んでいたとして、嘔気・嘔吐のためにいつもの半分しか飲めず、かつ1日6回、1回に50mℓの水様下痢便を出したとすると、いつもより水分補給が450mℓ減、さらに水分は300mℓ余計に失われるので、12.5%の水分が減ったことになり、極めて重度な脱水状態に陥ります。そうならないように尿量を減らしてしのぐのですが、それでも危険なレベルの脱水症になるでしょう。

　本当に、あっという間に脱水症は重症化しうるのです。

● 赤ちゃんの脱水症状

　脱水状態では、どんな症状が出るのでしょうか。右頁の絵の赤ちゃんのように、眼や頬が落ち窪み、頭頂部にある菱形の骨の隙間（大泉門）も落ち窪み、泣いても涙がほとんど出ません。口の中や舌も乾燥し、お腹も落ち窪み、皮膚の張りがなくなり（皮膚をつまみ上げてすぐに放し、2秒以内に元の状態に戻らなければ要注意）、尿量が少なくなります（下痢をしていると気づきにくいので注意！）。子どもは元気がなくなり、意識がもうろうとしたり、逆に興奮状態になって、ついにはけいれん（意識がなくなり、力がグーッと入った状態やガクガクとなる状態）を起こして昏睡状態にまで陥ると、非常に危険です。

　脱水状態では、水分だけでなく電解質（塩分）も失われます。電解質バランスの崩れも危険です。そして栄養補給ができないと低血糖に陥り、こちらも命に関わる事態になりうるのです。

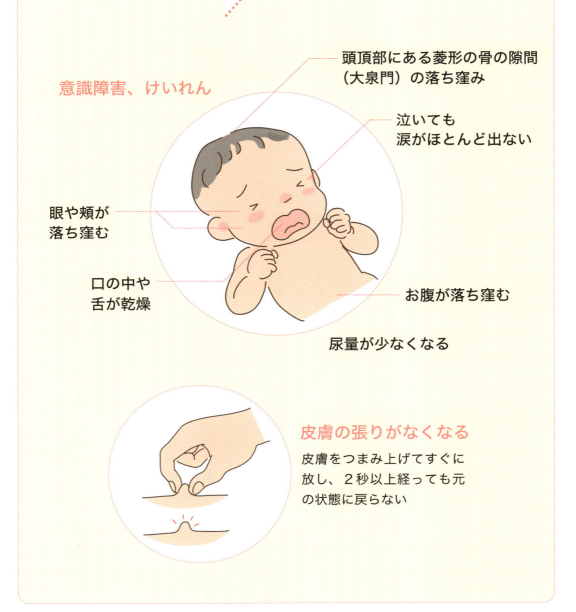

5 発疹、こんな場合は要注意！

● かゆ〜い！　それ、うつります

　発疹が出る病気は数が多すぎて、感染症だけでも麻疹、風疹、突発性発疹、水痘、伝染性紅斑（りんご病）、手足口病と枚挙に暇がありません。ここでは、その中でも「ちょっと御用心！」と考えてほしい感染症についていくつか取り上げます。

　まず、伝染性軟属腫（水いぼ）です。これは、軽いかゆみを訴えることが多いですが、かゆみがほとんどない場合もあります。水いぼを掻きむしった手でほかの部分を触ると、そこにも感染が拡大します。例えば、園での集団生活や水遊びなどで皮膚と皮膚が接触すると、周囲の子どもへも感染が拡がります。そのため、感染の拡がりを防ぐために、皮膚科の先生に専用のピンセットで水いぼを摘除してもらったり、水いぼの箇所を耐水性絆創膏や包帯などで覆ったりして対策します。

　伝染性膿痂疹（とびひ）は、バイキン（多くは黄色ブドウ球菌）によって水疱（みずぶくれ）ができ、破れるとびらん、痂皮（かさぶた）となります。かゆみが特徴で、かゆいからと掻きむしると、その手で感染が拡がり、ほかの子どもと皮膚が接触するとうつってしまいます。

　疥癬は、ヒゼンダニの感染で起こるもので、これもやはりかゆみが特徴です。

　頭を掻きむしる子どもの頭髪を見てみると、根元のあたりに白いものが付着している場合があります。フケと間違えそうですが、それはアタマジラミの卵かもしれません。

　このように、かゆみを伴う発疹はうつるものがあるので要注意です。

● 痛〜い、どんどん腫れてくる！　それ、ヤバい病気かも！

　滅多にあるものではありませんが、感染したらとっても怖いのが劇症型溶血性レンサ球菌感染症、俗にいう「人喰いバクテリア」です。小さな傷口から菌が入り込むこともあれば、喉に巣食った菌が血流に入って打身（外には傷口がない）のところに定着することもあります。短時間でどんどん感染が拡がり、細菌毒素や病変部の血行が悪くなることも影響し、壊死に陥ります。しばしば手足の切断や死亡に至る怖い病気です。

　見た目には大したことがなくても痛みが強い場合や、だんだん腫れがひどくなり皮膚の色調も変化してくる場合は、大至急救急救命センターに搬送しなければなりません。

> 発疹の出る、用心したい感染症

伝染性軟属腫（水いぼ）

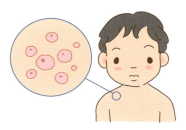

小さく硬いドーム状のポツポツで、中央に臍状(へそじょう)の凹みがある

伝染性膿痂疹（とびひ）

水疱　**びらん**

膿汁が溜まった水疱→破れるとびらん→痂皮（かさぶた）

鼻の周囲　**脇の下など**

鼻の穴の周囲に多い
容易にあちこちに拡がっていく

アタマジラミ

フケのように見える卵

成虫の体長は2〜3ミリ

疥癬

赤いボツボツが指と指の間、手首、首筋、下腹部、臀部、陰部などにできる。とてもかゆく、特に夜中にひどくなる

成虫の体長は0.2〜0.4ミリ

小水疱　疥癬トンネル（入口）　角層

6 — それ、腸重積症かもしれません

● 突然大泣きするけどすぐにケロッとする

　突然、火がついたみたいに泣き出し吐いてしまった赤ちゃん。ビックリして病院に連れて行こうと準備をしていたら治まって、機嫌よく遊び始めました。「あれはいったいなんだったんだろう…」と首を傾げていたら、また数時間後に同じようなことが…。もしかしたら、それは腸重積症かもしれません。

　腸重積は、腸管の一部がうしろ（肛門側）の腸管に引き込まれて重なってしまった状態（折り畳み式望遠鏡のイメージ）です。その結果、腸閉塞になって、重なった部分は血行も悪くなるので時間が経つと壊死し、腸管が破れて腹膜炎や敗血症を起こす恐れもあります。でも、早期に診断ができれば、肛門のほうから空気や水で圧を加えることで、重なった部分を元の状態に戻すことができます。診断が遅れ、発症から 24 時間を超えると開腹手術が必要となる確率が高くなり、場合によっては壊死に陥った腸管を切除しなければならなくなります。

● 生後 3 か月から 2 歳児に多い病気

　腸重積症は乳幼児（特に生後 3 か月〜2 歳）に多くみられ、急性胃腸炎に続いて起こることもありますが、普段の健康状態から急に起こることもあります。激しい腹痛（「痛い」と言えない子だと「不機嫌」）で大泣きし、吐いて、顔色が悪くなることがありますが、しばらくするとケロッと回復します。しかし、この痛み（不機嫌）や嘔吐を何度も繰り返していくうちに、グッタリとしてきます。粘液（鼻水みたいなドロドロの液）と血液が混じった苺ゼリー状と呼ばれる粘血便が出るのも特徴です。でも、腹痛（不機嫌）、嘔吐、粘血便が全部出揃うことは少ないですし、揃った時点ではすでにだいぶ進行していることがあります。ですから、周期的に不機嫌な状態を繰り返す場合は、必ず小児科医を受診しましょう。診断と治療の遅れが、天と地の違いをもたらしてしまいます。

腸重積の状態と乳児への圧の加え方

すごく不機嫌に大泣きしたあと、ケロッと回復する
でもまた不機嫌になることを繰り返す
そのうちグッタリしてくる

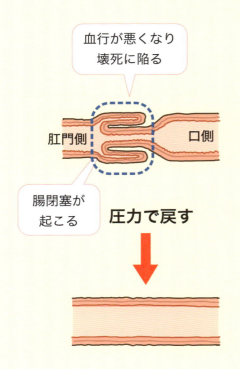

血行が悪くなり壊死に陥る

肛門側　口側

腸閉塞が起こる

圧力で戻す

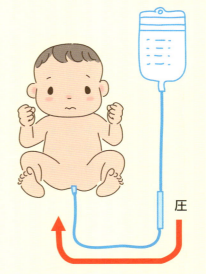

圧

早期であれば、浣腸液を高い位置に置いて圧をかけることで、重なった腸の部分が元に戻る

7 それ、心不全かもしれません

● 風邪に潜む危険

　夏風邪が治った子どもが登園してきました。ようやく元気になったはずなのに、子どもはゴロゴロ横になってばかりいます。「こらっ！　子どもは外で元気に遊びなさい！」と言いたくなりますが、もしかしたら、それって「心不全」の症状かもしれません。急性心筋炎は、いろいろなウイルス感染に伴って稀に起こるものですが、その原因の過半数は夏風邪のウイルス（アデノウイルスやエンテロウイルス）です。新型コロナウイルスやインフルエンザウイルスによって起こることもあります。心筋炎になると、心不全（心臓のポンプ機能の働きが悪くなる）や不整脈（心臓の拍動リズムが狂ってしまう）に陥り、場合によっては突然死に至ります。心臓移植までおこなわないと助からないことが少なくありませんし、助かっても心筋のダメージが残り、慢性心不全になってしまうことがあります。

● 子どもの心不全はわかりにくい

　子どもの心不全の症状は、大人よりもわかりにくいです。赤ちゃんでは、機嫌が悪くぐずりがちになる、元気がない、ミルクの飲みが悪い、体重が増えない、汗をかく、呼吸が速いという症状がみられます。年長児では、疲れやすい（体を動かしたがらない）、息切れがする、食欲がない、腹痛や嘔気などのお腹の症状を訴えます。動悸（胸のドキドキ）を感じるかもしれません。心膜炎（心臓を包み込む柔軟な2層の袋状の膜に起こる炎症）を合併することもあり、その場合は鋭い胸痛（左肩まで痛みが広がることが多い。横になったり、飲んだり食べたり、咳をしたり、深呼吸をすると痛みが強くなるのが特徴）が生じます。なにかおかしいなと思って診察をすると、呼吸だけでなく脈が速い（または脈が飛ぶ）、冷や汗をかいている、足に浮腫があることに気づくかもしれません。いずれにしても、なかなか気づきにくいといえます。

　滅多に起こらない病気ですが、風邪の怖い合併症の1つとして頭に置いておくべきものです。直ちに三次救急医療機関に搬送しなければ救命できない可能性が高いからです。たかが風邪、されど風邪、なのです。

心不全の症状

乳児

- 機嫌が悪くぐずりがち
- 元気がない
- ミルクの飲みが悪い
- 体重が増えない
- 汗をかく
- 呼吸が速い

- 疲れやすい
- 息切れがする
- 食欲がない
- 腹痛や嘔気など
- 動悸（胸のドキドキ）
- 鋭い胸痛
- 脈が速い（脈が飛ぶ）
- 冷や汗をかく
- 足が浮腫む

年長児

8．それ、急性脳症かもしれません

● 見分けが難しい急性脳症

　世間はインフルエンザの流行真っ只中にあると想定してみてください。午後になって、熱が出始めた4歳の園児がいます。保育者は子どもを別の部屋に移して、保護者に連絡し、お迎えを待っています。保育者が子どもを見守っていると、子どもは突然起き上がり、目を見開いて、天井を指さしながら「妖怪がいる」と叫び、号泣します。少し落ち着いてきたかなと思うと、今度は「アンパン！」と口走って、保育者の手に噛みつきました。この変貌ぶりは一体なんでしょうか…、それは、急性脳症の症状かもしれません。

● 罹患数は毎年約1000人

　急性脳症は毎年約1000人の人が罹っていて、ほとんどは小さな子どもです。原因として多いのはインフルエンザや突発性発疹症が挙げられますが、どんな感染症でも合併することがあります。命に関わり、助かっても重い後遺症を残すことが稀ではありません。症状としては意識障害、けいれん、そして異常言動・異常行動が挙げられます。

　実は、インフルエンザに罹ると「熱せん妄」といって、異常言動・異常行動を起こすことが時々あります。だからただの熱せん妄なのか、急性脳症なのかを区別することは難しいです。しかし、意識がもうろうとしたり、けいれんを起こしたりする場合だけでなく、右頁上段のような状態に陥っていたら、躊躇することなく救急車を要請してください（空振り万歳です）。また、熱せん妄の状態に陥ると、発作的に窓や玄関から飛び出してしまう恐れもあります。大きな事故につながらないように、自宅で静養する際には一人きりにならないように心がけ、右頁下段のような対策を取るようにしてください。

　急性脳症以外にも、特に夏風邪のウイルス（エンテロウイルス）では稀に急性脳炎を起こすことがあり、やはり命に関わり重い後遺症を残す恐れのある合併症です。繰り返しますが、たかが風邪、されど風邪なのです。

急性脳症における異常な言動・行動の例

親がわからない。いない人がいると言う

自分の手を噛むなど、食べ物とそうでないものの区別がつかない

アニメのキャラクターや動物など、見えないはずのものが見えると言う（幻視、幻覚）

意味不明の言葉を発する。呂律が回らない

怯え、恐怖の訴えや表情をする

急に怒り出す、泣き出す、大声で歌い出す

事故防止対策

玄関やすべての部屋の窓を確実に施錠する（内鍵、チェーンロック、補助鍵がある場合は、その活用を含む）

窓に格子のある部屋がある場合は、その部屋で寝かせる

ベランダに面していない部屋で寝かせる

一戸建てに住んでいる場合は、できる限り1階で寝かせる

症状に対応した子どもへの配慮

第2節

1 熱についての迷信と誤解

　さて右頁の絵をご覧ください。子どもの熱にどう対応するのか、お祖母さんとお母さんで意見が割れています。実は、二人とも NG なのです。

● 熱が続くと脳がおかしくなってしまう !?

　これは熱が続く病気の中には、脳炎や髄膜炎のように、脳に障害を残す病気があるためにできた迷信です。脳に障害をきたすのは熱そのものではなく、脳炎や髄膜炎です。ちなみに、動物の体温は人よりも高いです。イヌ、ネコ、ウサギなどの体温は 39℃前後です。トリは 40℃を超えます。別に、これらの動物は脳がおかしくなっていないですよね？

● 熱を下げるには厚着や重ね布団で汗をいっぱいかかせるとよい !?

　汗をいっぱいかくと、気化熱で体温は下がります。一方で、脱水症を起こして危険な状態になります。したがって、汗をかかせるのは絶対 NG なのです。

● 熱冷まし（解熱薬）を使っているのに、完全に平熱にはならないし、しばらくしたらまた熱が高くなります。もっと強い熱冷ましはないの !?

　解熱薬は治療薬ではありません。いくら使っても病気が早く治ることはなく、むしろ遅れることさえあります。解熱薬の目的は、気分を少し楽にしてぐっすり睡眠を取り、飲んだり食べたりできるようにすることです。逆にいうと、比較的元気で、飲んだり食べたりできて、睡眠が取れる子どもに解熱薬は不要です。

　病気が治ってもいないのに、無理矢理に熱が下がるようにがんがん解熱薬を使うのは、副作用の恐れがあるのでやめてください。特に、一部の解熱薬（アスピリン、ポンタール、ボルタレンなど）には、子どもに危険な合併症（脳障害など）を引き起こす恐れもあります。

> 子どもの発熱！ 正しい対応は？

1歳の子どもが熱（38.5℃）を出した。
顔を赤くしていて、少し汗ばんでいる。
あなたはどう対応する？

こういうときは寝間着をたくさん着せて、布団もいっぱい被せて、もっと汗をかかせるといいわ。汗と一緒に体の中の悪いものが出ていくし、汗が乾くときに体温も下がるからね

こんなに高い熱が続くと、頭がおかしくなってしまうかも知れない！ 心配だわ

最近は効き目のいいお薬が出ているんだから、そんな古臭いやり方しなくっても解熱薬を使ったほうがいいのじゃないかしら？

2 熱への対応

　病原体に感染したら、それに対抗するために、体温は普段よりも高くなります。体温が高くなると、ウイルスなどの病原体が増えにくくなるし、また一方で免疫の働きが活発になります。つまり、熱は本来病原体から身を守るために、わざわざ多くのエネルギーを使って出しているのです。実際に、いろいろな感染症で解熱薬を使い続けた場合には、治りが遅くなったり重症化したりする傾向のあることが示されています。

　では、熱のある子どもにやってほしいこと（Do）とやっちゃダメなこと（Do not）はどのようなことでしょうか？

● Do!

・悪寒がありガタガタ震え、手足が冷たく顔色の悪い子どもには、手足の先まで体を温める。

　　→病原体に感染すると、脳の体温調節中枢が体温のセットポイントを普段よりも高くします。そのため、体は寒い環境に置かれたと勘違いし、寒気を感じます。そこで、体は体温を上げようとして全身の筋肉を震わせます（戦慄）。この状態では末梢循環も悪くなっているので、病原体に対抗するために、手足の先まで体を温めてあげます。

・顔が真っ赤であり、手足を触ると熱く、汗をかいている子どもには、薄着にして涼しくさせて汗をかかせないようにする。

　　→汗は体温を下げるための生理現象ですが、汗をかき過ぎると脱水症状に陥り、非常に危険です。この段階ではすごく暑がるので、汗をかかずに済むよう涼しい環境を整えましょう。快適に感じるのであれば、氷枕や冷却シートの使用も OK です。

・熱があっても比較的元気で飲んだり食べたりすることができるし、睡眠が取れている子どもには解熱薬を使わず、代わりに水分を十分に取らせる。

● Do not!

・厚着をさせ布団を何枚も被せて、いっぱい汗をかかせる。

・熱が下がるまで必死になって解熱薬をがんがん使う。せっかく寝ていても起こしてまで解熱薬を使う。

・熱が下がらないからと、大人用の解熱薬を使う。

84頁でお話したように、汗をかきすぎると脱水症状を起こす危険性があります。また、解熱薬の使い過ぎには副作用も考えられ、種類によっては子どもには危険な解熱薬もあります。

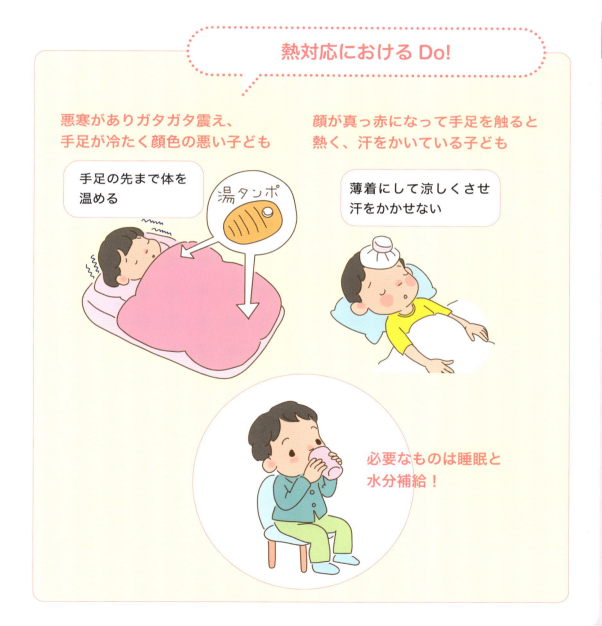

3 鼻水への対応

● 抗ヒスタミン薬による子どもへの影響

96頁で「熱は本来病原体に対抗するために、私たちの体がわざわざエネルギーを使って出しているので、安易に下げるものではない」と説明しました。では、風邪のほかの症状である鼻水と咳はどうなのでしょうか？　まず鼻水についてです。

くしゃみ・鼻水・鼻づまりも、私たちの防御反応です。つまり、なにか悪いものを吸い込んだので吐き出す（くしゃみ）・洗い流す（鼻水）・それ以上入らないようにする（鼻づまり）のです。でも、花粉症のときはこういう過剰反応がつらいから、鼻水止め（抗ヒスタミン薬）を使います。では、風邪のときも症状がつらいならお薬を使ったほうがよいのでしょうか？

花粉症の鼻水はずっと水っぽいのに対して、風邪のときの鼻水って最初は水っぽくても、だんだん粘っこくなりますよね？　鼻水がドロッとしてきたのに抗ヒスタミン薬を使い続けると、鼻水はもっと粘稠になって鼻づまりがひどくなります。

また、風邪薬を飲んで眠くなったことはないですか？　眠気を伴う成分を含む抗ヒスタミン薬は脳に作用するため、眠気だけではなく、集中力・判断力・作業効率・認知機能も低下させ、けいれんを起こしやすくするともいわれています。実は、風邪のときの鼻水や鼻づまりに対する抗ヒスタミン薬の有用性は、海外の臨床試験では否定されているのです。まさに有害無益、多くの国々で抗ヒスタミン薬は小さい子どもには禁忌（使ってはダメ！）となっています。

● 吸引器で緩和する

しかし、鼻水が溜まって鼻呼吸ができないと、実際には呼吸がつらいですよね。特に、赤ちゃんは鼻呼吸が主体なのに、自分で鼻をかむことができません。そのため外来受診または入院中のお子さんであれば、医療用の吸引器で溜まった鼻水を取ります。

現在はさまざまな子ども用の鼻水吸引器が市販されているので（一長一短あります）、使用上の注意を十分守ったうえで、保育所や自宅で使用してみてはいかがでしょうか（親が子どもの鼻に口を当てて吸い出していた時代もありましたが、これは子どもの風邪をもらう確率が大です！）。特に、寝る前や哺乳の前などは鼻が通るようにしてあげたいですし、起きたときは寝ている間に鼻水が溜まっているので、こうしたときには吸引器を使ってみてもいいです。

> 赤ちゃんの呼吸は基本的に鼻呼吸

鼻水が溜まると
- 息が苦しい
- ミルクも飲めない
- 眠れない

鼻水が溜まっても
- 自分で鼻がかめない
- 鼻水止めの薬は副作用が心配

鼻水が溜まったら吸引する。特に、
- 寝る前
- 哺乳の前
- 起きたとき

吸引器は取扱注意事項を守り、やさしく丁寧に！

4 咳への対応

● 咳に効くとされる薬の実体

　咳はなにか悪いもの（例えばタバコの煙）を吸い込んだときに吐き出す、または気道に溜まった痰を喀出するために出るものです。つまり、これも防御反応です。しかし、咳込みが続くのはつらいですよね。そこで咳止め薬を使ってあげたくなりますが、実は風邪の咳に有用性が証明されている薬って、ほとんどないのです。有用性がありそうなごくわずかの鎮咳薬ですら、プラセボ（偽薬）よりも多少咳を軽くする効果が認められたくらいなので、一生懸命飲ませる価値があるのかは疑問です。

　咳に確実に効くと世界保健機関（WHO）がお墨つきを与えたものは、実は「ハチミツ」です。でも1つ注意したいのは、ハチミツは乳児には禁忌（あげちゃダメ！）なものになります。乳児ボツリヌス症という、下手をすると命に関わる病気のリスクがあるからです。また当たり前の話ですが、ハチミツには糖分がたくさん含まれているので、摂り過ぎにも注意が必要です。

● 咳止め薬を使う危険性

　仮に、咳がしっかり止まる薬があるとしても、痰がらみの咳をしているのに咳止めの薬だけを使うのはNGです。痰を出そうとして咳をしているので、咳だけ止めると、痰が気道に残ってしまいます。気道に痰が残ると空気の通り道が塞がれて呼吸がしづらくなりますし、痰の中でバイキン（細菌）が増えて気管支炎や肺炎を起こすかもしれません。だから使うべきは痰切りの薬（去痰薬）です。なお、痰がらみの咳をしているときに、98頁でお話しした抗ヒスタミン薬を使ってしまうと、痰も粘稠になって切れが悪くなるので、当然NGです。

　副鼻腔炎（かつては蓄膿症と呼ばれた）では、鼻の奥から喉にドロッとした鼻汁が流れ込んできます（後鼻漏）。これも、湿った咳（痰が絡んだみたいな咳）の原因となります。この場合も去痰薬が用いられます。

　それから下気道炎（気管支炎、細気管支炎）の治療で用いる気管支拡張薬も、気道を拡げて呼吸を楽にさせることに加えて、痰を喀出しやすくする効果が期待されています。しかし、ただの風邪のときには使いません。

> ハチミツは咳に有効

ハチミツは咳に有効 でも赤ちゃんにはNG!

1歳以降はＯＫ！

赤ちゃんはＮＧ！

> 痰がらみの咳のときの薬

痰がらみの咳に

痰切り
（去痰薬）
痰を出しやすくする

鼻水止め
（抗ヒスタミン薬）
痰が粘稠になって切れが悪くなる

咳止め
（鎮咳薬）
痰が喀出できず気道に残る

5 嘔吐・下痢への対応

● 急性胃腸炎について

　急性胃腸炎も子どもに多い感染症です。主な症状が嘔吐と下痢なので、嘔吐下痢症とも呼ばれます。さて、嘔吐と下痢も、やはり私たちの健康を守る防御反応です。悪いものを飲み込んでしまったから、吐き出す。お腹の中まで入ってきたので、下痢便として出す。大急ぎで腸を動かすと、お腹も痛くなる。だから急性胃腸炎の治療は、嘔吐や下痢や腹痛を止めることではありません。そんなことをすると、病気が逆に重くなる恐れもあります。

　例えば、腸管出血性大腸菌（O157等）感染症は、腹痛も強いし血液混じりの下痢もします。しかし、何より怖いのはこの菌の毒素（ベロ毒素）によって溶血性尿毒症症候群を起こすことです。鎮痙薬（腸の動きを鎮める薬）や止痢薬（下痢止め）を飲むと、お腹の菌を追い出せません。さらに、抗菌薬を投与すると、菌が破壊されてベロ毒素が一気に放出されるので、溶血性尿毒症症候群のリスクが増大します。

　後述しますが、国内で抗菌薬を必要とする急性胃腸炎はほとんどありません。抗菌薬は、善玉菌も殺すので、むしろ胃腸炎は悪化します。止痢薬もNGです。医薬品として適用できるのは整腸薬（善玉菌のサポート）くらいですが、これも有効性については確実といえません。

● 吐くから飲ませない　はNG

　「なにか飲ませると、すぐ吐いてしまう。だからなにも飲ませない」という人もいますが、これは完全に間違いです。84頁でもお話ししましたが、出ていく水分を補わないと子どもは脱水症に陥ります。一度に少量ずつでも頻回に水分・電解質・糖分を補給しましょう。飲ませるために制吐薬（吐き気止め）を使うことはあります。ただし飲み薬は吐くし、座薬は下痢と一緒に出てきてしまうので、どれくらい役に立つかはわかりません。

　飲ませるのは、適度な電解質とブドウ糖を含む経口補水液が便利です。脱水がある程度改善してきたら、早めに食事を再開して大丈夫です。消化に悪いものや脂っこいものは避けますが、特別な治療食は不要です。母乳栄養児だったら母乳を続けましょう。ミルクの場合も特に薄める必要はありません。

● **感染が拡がらないように（68〜74頁参照）**

便や吐物には大量のウイルスが含まれていますので、①使い捨て手袋（できればさらに使い捨てエプロンや使い捨てマスク）を使う、②便や吐物がついたものはビニール袋に入れて密封する、③汚れたところは市販の漂白剤を薄めたもので消毒する（アルコールは嘔吐下痢症のウイルスには無効！）ようにしてください。もちろん石けんと流水での手洗いもしっかりと！

嘔吐・下痢への対応

急性胃腸炎（嘔吐下痢症）に対しては

吐いていても、少しずつしっかりと水分補給 ○ 経口補水液

医薬品の多くは有害無益 × 下痢止め

○

脱水防止が何より重要

× 抗菌薬

6 ─ 抗菌薬はほとんどの風邪と嘔吐下痢症に NG！

● 抗菌薬の投与が有害な理由

　子どもの気道感染症（風邪など）と消化管感染症（嘔吐下痢症）のほとんどはウイルス性ですから、抗菌薬は全く効きません。またバイキン（細菌）で起こるものでも、抗菌薬の必要がない感染症が多いのです。こういう場合の抗菌薬の投与は、単に無意味なだけではなく、逆に２つの点で有害です。

・副作用がある

　第一に、抗菌薬には副作用があることが挙げられます。内臓に傷害を与えたり、薬に対するアレルギー反応が起こったりします。命に関わるような重症アレルギー反応や重症薬疹の原因として抗菌薬はトップクラスに入ります。また、善玉菌まで殺してしまうために、むしろ感染症に対抗する力が落ちてしまう恐れもあります。また、抗菌薬をよく使う子どもは、アレルギー疾患にも罹りやすいことが示されています。

・耐性菌を増やす

　第二に、抗菌薬の不適切な使用は、抗菌薬が効かない耐性菌を増やしてしまいます。毎年日本国内で耐性菌の感染で死亡する人の数は 8000 人以上で、これは交通事故死よりもはるかに多い数字です。そして、今の状態が続くようなら、2050 年までに世界中で毎年 1000 万人が耐性菌感染で死亡すると推定されており、これは癌による死亡数を超えます。こうした悲劇を防ぐために不可欠なこと、それは抗菌薬の不適切使用を止めることです。

● 抗菌薬の注意点

　子どもに抗菌薬を使う場合、「大人用に処方された薬の量を減らしてあげちゃえばよいか！」なんて思う人がいるかもしれません。しかし、大人では起こらない副作用が子どもでは出ることがあるので、それは絶対にやめてください。

　また、抗菌薬を処方された場合には、指示通り最後まできちんと服用してください。「症状がなくなった（治った）からもう要らない」なんて考えないでください。感染症は、それに応じて必要な治療期間があります。例えば溶連菌感染症による咽頭扁桃炎では、通常ペニシリン系の抗菌薬を 10 日間使います。その目的は熱や喉の痛みを取るためではなく、リウマチ熱の

ような合併症を防ぐためです。そのために、処方された抗菌薬は最後まで服用することが重要なのです。

　子どもの風邪や嘔吐下痢症で受診した際に、「抗菌薬（抗生剤）ください！」なんて、もう言わないでくださいね。

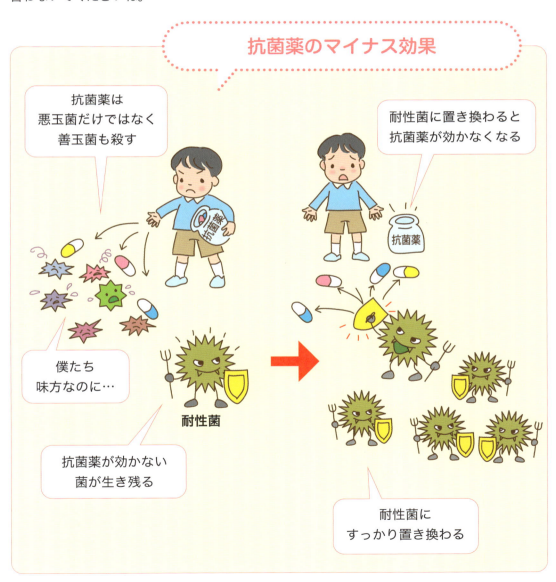

7 どんな感染症の場合でも

● 安息・睡眠、水分や栄養補給、そして安心感が一番の薬！

　どんな感染症の場合でも、そしてどんな病気の場合でも、十分な安息・睡眠、水分・栄養補給、精神的な安心感はとっても重要です。熱のお話（94頁参照）でも書きましたが、解熱薬の目的は、あくまでも熱が睡眠や水分・栄養補給を邪魔しているなら、ぐっすり眠れたり、飲んだり食べたりする余地のある時間をしばし設けることにあります。風邪や嘔吐下痢症に特別な薬はなく、脱水症に陥らないように気を配り、稀に起こる怖い合併症の兆しに注意したりする以外は、自然に回復していくための力となる安息・睡眠、水分・栄養補給、そして安心感を与えることが保育者、保護者の役目となります。

　さて、こういうケースに私たちはよく遭遇します。何らかの感染症が流行っていて、夜間・休日には急患センターに病気の子どもを連れた保護者が押し寄せます。下手したら、一時間以上待たないと診察してもらえません。待合室は混み合っていて、子どもはゆっくり休むこともできません。連れてくるまでに何十分も車に乗っていたので、もう疲れてグッタリしています。ようやく診てもらえても、風邪や嘔吐下痢症には特別な薬はないので、点滴や入院を要する状態でない限り、そこでできることはほとんどありません。こういうときは、本当は自宅でゆっくり休ませ、こまめに水分や栄養を補給するように心がけ、保護者も看病疲れしないように気をつけながら、子どもの状態を観察することが、子ども自身のためにもよいのです。

　78頁でも述べましたが、子どもがどういう状態であればかかりつけ医に診てもらったほうがよいのか、こども医療でんわ相談 #8000 に連絡したほうがよいのか、夜間や休日でも急患センターに連れて行ったほうがよいのか、それとも大急ぎで救急車を呼んだほうがよいのかの判断は、子どもの健康・命を守るうえでとても重要です。それは、普段からかかりつけ医を受診した際のコミュニケーションや、#8000 に相談したときのアドバイスなどから学んでいってほしいと思います。

> 具合の悪い子どもへの対応－まとめ

ほとんどの場合は自宅でゆっくり休ませ、水分・栄養補給をするのが一番よい

安易な急患センター受診で長く待たされることになると、子どもも保護者もグッタリ

迷ったら #8000

レッド・フラッグ*があれば、急患センターまたは119番！

＊レッド・フラッグ
すごくグッタリ、すごく機嫌が悪い、意識朦朧、けいれん、異常言動・異常行動、顔色が悪い、息苦しい、脱水症状等

コラム

感染症の知っトク —— ④

風邪薬ってなに？

　風邪をひいたら「風邪薬がほしい」って思いますか？　でも風邪薬って一体なんでしょう？　結論からいうと、そんなものはありません。

　「でも、いろいろな総合感冒薬が売られていますよね？」という言葉がかえってきそうですね。しかし、それらって解熱鎮痛薬、抗ヒスタミン薬、鎮咳薬、去痰薬等のミックスです。既に繰り返し述べたように、熱には安息・睡眠や水分・栄養補給の一助として必要時に頓服（または座薬挿入）するだけでよいです。抗ヒスタミン薬はむしろ禁忌、鎮咳薬もあまり効果はなくむしろ弊害となることがあります。ましてや抗菌薬は有害無益です。

　私は解熱鎮痛薬の意義をきちんと説明したうえで頓服を処方しますし、痰の絡んだ咳をしていたら去痰薬を処方することはありますが、それ以外のいわゆる風邪薬も抗菌薬も処方しません。処方ではありませんが、咳がひどい1歳以上のお子さんにはハチミツを勧めます。私の子どもも小さい頃は40℃くらいの熱を何度も出しましたが、一度も何一つ薬は使っていません。まあうちの子どもの場合はどんなに高熱でも食欲が落ちたことがないタフな子でしたので、ちょっと例外かもしれませんが。

　欧米では風邪をひくと「チキンスープ」です。抗炎症・解熱鎮痛効果をもつ成分が含まれていますし、温かいスープを飲むと鼻づまりも解消するし、何より栄養価が高くて消化しやすいという利点もあります。有効性が科学的に証明されたわけではありませんが、荒唐無稽な話でもありません。

　ちなみに私自身は「卵酒」です。栄養補給はバッチリだし、眠気も誘います。ただこれも有効性は証明されておらず、私もどちらかというと卵酒を飲む口実にしている

だけです。もちろん、子どもには絶対 NG です。ところで、「ブドウ酒」が医薬品として承認販売されているのをご存知ですか？ 効能・効果として食欲増進・強壮・興奮、下痢、不眠症、無塩食事療法が挙げられています。1 回の用量は 60mℓ というのが微妙ですが、やはり食欲増進や不眠症解消には役立つということみたいです。もちろん、これも子どもは対象外ですよ！

風邪の症状は防御反応

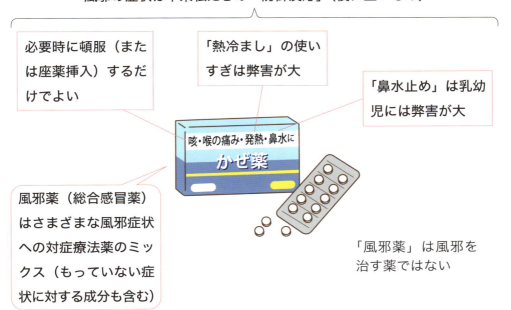

第3節

内外への
連絡について

1 記録

● 園等で記録するもの

日常的に園内で記録するものは、以下の3つがあります。

①子どもの体調変化

毎朝の健康観察と、一日を通した健康観察は感染症対策の1つです。朝は子ども一人ひとりに声かけをしながら、よく見て声も聞き、いつもと変わりがないか記録し、個人やクラス、園全体の状況を把握します。職員間で共有するとともに、必要に応じて関係機関へ報告します。

②「保育園サーベイランス」への入力と集計

保育園サーベイランスとは、各学校・保育施設が毎日欠席者等の情報をシステムに入力することで、管轄課、学校医、保健所が感染症の流行状況をリアルタイムに把握できるシステムです（48頁参照）。園等では、○○感染症と診断がつく前から症状を日々入力し、調査・集計することで早期探知・流行把握をおこない、感染対策を講じることで拡大を防止します。各地からの情報が収集・分析されて、全国や地域の感染状況を確認することができます。

③予防接種歴と感染症罹患歴の記録と保管

子どもの予防接種歴を園等の健康手帳に記録・保管しておくと、園内での感染発生時に迅速に対応できます。定期予防接種が多い乳児期は接種した際に、随時、記録を更新できるように保護者と共有する健康カードや連絡帳を作成して活用するとよいでしょう。これは、定期予防接種が減り、忘れがちになる幼児期に入ったときに予防接種を確認する機会にもなります。

ただし、健康手帳などの作成時に個人情報が書かれている母子健康手帳の提出を安易に求めるのは控えましょう。保育士には個人情報の守秘義務がありますから（児童福祉法第18条の22）、中身を確認するときには母親の承諾を得て、かつ必要箇所のみを確認するようにします。

いろいろな記録

体調変化記録（一例）

健康手帳による記録

- 定期予防接種が多い**０〜１歳**は随時、記録を更新する
  → 予防接種を受けた場合は体調にも影響するため、必ず保護者に報告をしてもらう
- **１歳以降**の定期予防接種は保護者が忘れやすい
  → その時期には掲示などで周知を図り、健康手帳でも確認する

2　園等の役割と職員間の情報共有

● 保育者の役割

　保育者は子どもたちの一番近くにいて、子ども一人ひとりの普段の健康状態を知っているからこそ体調の変化に気づくことができます。朝の受け入れ時に、あいさつとともに保護者に「変わりはありませんか？」と声かけをして、前日の帰宅後から登園までの体調について聞き取りをします。その際、気になる症状があれば、職員間（園長、看護師、栄養士など）で情報を共有し、状態によっては可能な範囲で活動や食事への配慮をしていきます。

● 看護師の役割

　日常の丁寧な健康観察を通して、感染症の発生や流行の兆しの早期発見に努めます。そして、職員や保護者へ感染症に関する正しい知識や最新情報をわかりやすく伝えます。感染症が発生した場合には、発症状況を記録するとともに、子どもの回復に向けた支援をおこないます。また、感染の拡大を防ぐために保護者に対して、登園の目安を説明します。

● 嘱託医（園医、学校医）の役割

　日常的に子どもたちの健康状態について相談を受けている立場から、感染症発生時に園・学校から意見を求められた場合には、感染経路と疾患の特徴、地域性などを考慮して、地域の保健所や医師会の情報も参考にして回答します。

● 保健所の役割

　医師から感染症発生の届け出を受けると、感染症法に基づいて保健所は集団感染が疑われる場合などに必要に応じて積極的疫学調査をおこない、感染症の蔓延防止対策を実施します（麻疹、風疹、結核の患者が出た場合などはリスクが高いため、感染者が一人でも実施）。

　感染症発生状況はホームページなどで情報提供しています。

> **感染対策における
> 保育者・関係者・関係機関の役割**

保育者
日々の健康観察
職員間での情報共有

看護師
感染症の早期発見
保護者への説明

子ども

嘱託医
日常の健康相談
感染症発生時に対応

保健所
疫学調査
情報提供

3 保護者への連絡

● 協力を要請し、共有する

　感染症の予防と拡大防止には保護者の理解と協力が必要です。日頃から働きかけていきましょう。集団保育における感染症対策の第一歩は、いかに早く感染症の発生を察知するかです。そのためには、日々の健康観察と記録、家族の体調不良を知ることが重要です。家族に体調不良の人がいても登園は可能です。そこで、休むように言うのではなく、保護者が隠さずにその旨を園に伝えられる関係づくりを心がけましょう。

　保育中の子どもの体調に注意を払い、体調不良の家族と同様の症状が認められたり、体調が悪くなったりした際にはお迎えを依頼することを朝の受け入れ時に伝え、保護者とスムーズに連絡が取れるようにしておきます。

● 保護者への連絡

　体調不良のときの保護者への連絡は、メール等や電話でします。メール等で知らせたあとに症状の改善がみられず、さらに悪化した場合は電話で伝えます。

　お迎えの際には、口頭での説明とともに、それまでの症状の変化（熱、機嫌、食欲など）や、園内で発症している感染症などをメモして渡すとよいでしょう。医療機関の受診時に持参することで診断の参考になります。

体調不良児の保護者への連絡① －メール等

（一例）

> お子さんの体調についてお知らせします。
> 午前より37.7℃～現在38.0℃の発熱があります。
> 現在経過をみているところですが、今後回復傾向がみられない場合は、ご自宅での療養が最善と考えております。
> その際は、再度ご連絡をさせていただきます。
> 　　　　　　　　　　〇〇保育園 看護師　〇〇

→ 改善がみられず、悪化した場合には、電話にて症状を伝える

体調不良児の保護者への連絡② − 電話

電話で伝えるときのポイント …… ① いつから ② どのように ③ 今どんな様子か

NG
「熱があるので
すぐに迎えに来てください」

「熱がある」だけでは伝わりにくく、不安な気持ちにさせる。子どもの様子を丁寧に伝えよう。

OK
「朝は変わりなくお預かりしましたが、食欲がなく、いつもより元気がなかったので熱を測ったら38℃ありました。今、水分補給して保健室で休んでいます。お医者様に早めに診ていただくと○○ちゃんも安心だと思います。少し早めにお迎えに来ていただけますか？」

NG
「熱と発疹もみられます。今、○○が流行しているので○○だと思います。すぐに病院へ行って検査してください」

何の感染症かを決めつけてはいけない。診断するのは医師の仕事である。検査も、医師が診断のために必要な場合、おこなう。ただし、診断の助けになる情報（発疹がいつから出たか、園で流行している病気）などは医師に伝えておく。

OK
「保育中に急に熱が出て、お昼過ぎからお腹に発疹もみられます。個別保育でお迎えをお待ちしていますが、早めにお医者様に診ていただくと安心ですね。病院に行かれたら、園で○○が流行していることをお伝えください」

第3章 第3節 ●内外への連絡について

体調不良児の保護者への連絡③ − 診察時に活用できる

保育中の子どもの症状や状況、おこなった手当などをメモして保護者に渡そう。病院で医師に見てもらえば診察の助けになる

● 体調不良お知らせメモ

(一例)

体調不良　　　　　お知らせメモ	名前　　　　　　　　　　　　月　　　日
＊熱　　　　度（　　時　　分） 　　　　　度（　　時　　分） 　　　　　度（　　時　　分）	＊子どもの様子と園で行った手当
＊症状（あるものに〇をつけてます） ・発しん 　どんな発しん？（　　　　　　　） 　発しんに気づいた時間　　　時　　分	＊保育園で流行している病気
・下痢・おう吐・腹痛・咳・頭痛	病院を受診する時はお医者さまにみせてください

● 看護記録

(一例)

子どもを医務室で預かって看護した場合には、看護記録が作成されるので医師への説明に活用できる

体調不良児の観察記録												
名前（　　　　　　　　）		発症日・時・分（　　　　　　　　） 記録者氏名（　　　　　　　　）										
時間		時		時		時		時		時		時
全身状態	機嫌											
	表情											
	動き											
	食欲											
	食事・水分量											
熱の経過	41℃											
	40℃											
	39℃											
	38℃											
	37℃											
	36℃											
	時間(分)	分	分	分	分	分	分	分	分	分	分	分
他の症状												
排せつ	便											
	尿											

保育中に保護者への連絡が望ましい場合については「保育所における感染症対策ガイドライン」を参考に、以下の表にまとめました。「何度以上の熱でお迎えとなるか」「下痢や嘔吐の際の対応」「感染症が発生したときの対応」「体調不良の翌日の登園について」などは、事前に保護者と園の間で明確にしておきましょう。

発熱	発熱時の体温はあくまでも目安であり、個々の平熱に応じて個別に判断する。38℃以上の発熱があり（乳児：平熱＋1℃以上、幼児：37.5℃以上で第一報を入れる）、かつ ・元気がなく機嫌が悪い ・排尿回数がいつもより減っている ・食欲がなく水分が摂れていない　場合など。 ＊熱性けいれんの既往児が37.5℃以上の発熱があるときは医師の指示に従う。
下痢	・食事や水分を摂ると、その刺激で下痢をする ・腹痛を伴う下痢がある ・水様便が複数回みられる
嘔吐	・複数回の嘔吐があり、水を飲んでも吐く ・元気がなく機嫌、顔色が悪い ・吐き気がとまらない ・腹痛を伴う嘔吐がある ・下痢を伴う嘔吐がある
咳	・咳があり眠れない ・ゼイゼイ音、ヒューヒュー音がある ・少し動いただけで咳が出る ・咳とともに嘔吐がある

● 登園について

罹患後の出席停止期間と登園の目安は学校保健安全法や「保育所における感染症対策ガイドライン」、第4章第2節を参考にしてください。

118頁は、「保育所における感染症対策ガイドライン」にある意見書や登園届の例です。意見書は、医療機関・医師が記入します。登園届は、子どもがどこの医療機関を受診したのか、登園への可否などについて記入します。書式については、自治体や関連機関で協議して決められています。

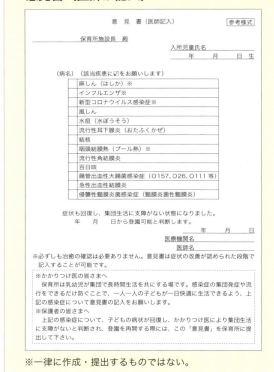
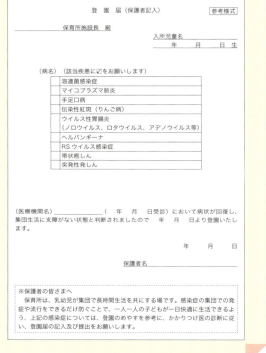

● 保護者と共有すること

　自治体に「保育園サーベイランス」（48頁、110頁参照）があれば、保護者と共有しましょう。

　園における体調不良時の対応については、「園のしおり」や「ほけんだより」などを通して事前に保護者に周知しておきます。周辺の地域で感染症発症の報告があるときや全国的に感染症の流行の兆しがあるときなどは、その時々で保護者に知っておいてほしい保健情報も随時伝えます。子どもの健康観察を促すために、感染症の症状の特徴やホームケア（家庭での手当）のポイントなどを簡潔にまとめてボードなどに掲示してお知らせするのもよいでしょう。

> 保護者へのお知らせ（一例）

感染症、下痢嘔吐、発熱等におけるクラス別発症状況のお知らせ

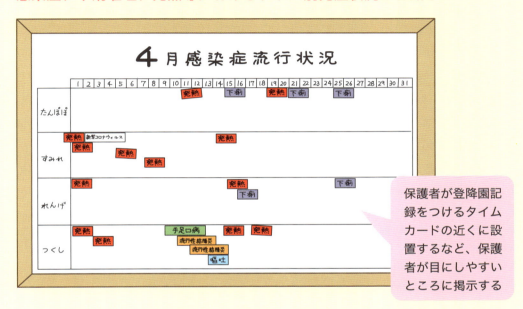

保護者が登降園記録をつけるタイムカードの近くに設置するなど、保護者が目にしやすいところに掲示する

ほけんだより

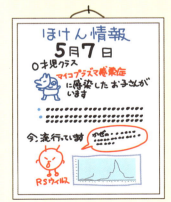

コラム

感染症の知っトク……⑤

子どものウェルビーイング（Well-being）を支えるために
～ライフイベントに予防接種をセットで祝う～

「人生 100 年時代」といわれ、平均寿命も延びていますが、介護等を受けずに自立して生活できる「健康寿命」と寿命の差は概ね 10 年あります。生涯にわたり、身体も心も健康で、人との関係をよく保ちながら健やかに生活していくこと（ウェルビーイング）を支えるには、多くの職種が関わる必要があります。そして、節目の年齢で受ける健康診断やお祝い行事のタイミングには、予防接種をセットで確認していきましょう。

感染症対策の場合、予防接種で防げるものは予防接種で防ぐことが大切です。特に乳幼児期から学齢期にかけては予防接種の種類や回数も多く、痛みも伴います。子どもの恐怖や不安を理解して接種すること、接種後にはしっかり褒めてあげることが大切です。それだけでなく、予防接種は、「自分の健康を自分で守るためにできること」にはどんなことができるのか、年齢や発達過程に沿った健康教育のきっかけになります。

衛生習慣や予防接種への向き合い方は、成人以降にも引き継がれることを見据えて、専門職がそれぞれの立場で、今求められる健康支援を丁寧に実践していきましょう。

ライフイベントと予防接種はセットで祝おう！

誕生日 / ライフイベント		予防接種
健康診査	生後 2 か月	ワクチンデビュー B 型肝炎、ロタウイルス、小児用肺炎球菌、5 種混合
健康診査	生後 5 か月～6 か月	BCG
誕生日	1 歳	MR（Ⅰ期）、水痘、おたふく、小児用肺炎球菌、5 種混合
七五三のお祝い	3 歳	日本脳炎
健康診査	5 歳	接種忘れチェック！
小学校入学準備	年長児	MR（Ⅱ期）
小学校卒業、中学校入学の機会	小学 6 年～高校 1 年女子	HPV ワクチン（ワクチンの種類や年齢によって 2～3 回接種）

第4章

子どもが罹る
感染症の種類

第1節 子どもの罹る感染症とは

1 子どもの罹る感染症

● 感染症の分類

　子どもの罹る感染症としては、気道の症状（咳、鼻汁など）が主なもの、消化器の症状（嘔吐、下痢など）が主なもの、皮膚の症状（発疹など）を伴うものなどに分けられ、いくつかの症状が組み合わさっていることもあります。また、中枢神経の症状（けいれん、意識障害）に至る可能性のものもあります。

　罹った場合、安静と栄養補給によって自分の免疫力で回復するものもありますが、ときに重症化すること、脳炎などを併発することがあります。重症化した場合は命の危険にさらされ、回復しても何らかの後遺症を残してしまうことがあります。症状の詳細については第3章第1節や第2節をご覧ください。

　また、感染症の病原体は4つ、なかでも代表的なものはウイルスと細菌です（20頁参照）。感染症について、症状別と病原体別で分類して右表にまとめましたので、参考にしてみてください。

　なお、本章の第2節では、16種類の感染症について解説しています。日本小児科学会は「学校・幼稚園・認定こども園・保育所において予防すべき感染症の解説」のなかで68種類の感染症について解説しているので、必要に応じてそちらも参照することをお勧めします。

日本小児科学会「学校、幼稚園、認定こども園、保育所において予防すべき感染症の解説（2024年5月改訂版）」（https://www.jpeds.or.jp/uploads/files/20240513_yobo_kansensho.pdf）（2025年1月31日現在）

症状による感染症の分類

気道の症状が主なもの	中枢神経の症状に至る可能性のあるもの
新型コロナウイルス感染症	新型コロナウイルス感染症
インフルエンザ	インフルエンザ
百日咳	百日咳
咽頭結膜熱	麻疹
RSウイルス感染症	流行性耳下腺炎
溶連菌感染症	風疹
インフルエンザ菌b型感染症	水痘
肺炎球菌感染症	咽頭結膜熱
消化器の症状が主なもの	RSウイルス感染症
ロタウイルス感染症	手足口病
ノロウイルス感染症	ヘルパンギーナ
サルモネラ感染症	ロタウイルス感染症
カンピロバクター感染症	腸管出血性大腸菌感染症
腸管出血性大腸菌感染症	溶連菌感染症
皮膚の症状を伴うもの	インフルエンザ菌b型感染症
麻疹	肺炎球菌感染症
流行性耳下腺炎	
風疹	
水痘	
手足口病	
ヘルパンギーナ	
伝染性膿痂疹	

病原体の種類による感染症の分類

ウイルス	細菌
新型コロナウイルス感染症	百日咳
インフルエンザ	サルモネラ感染症
麻疹	カンピロバクター感染症
流行性耳下腺炎	腸管出血性大腸菌感染症
風疹	溶連菌感染症
水痘	インフルエンザ菌b型感染症
咽頭結膜熱	肺炎球菌感染症
RSウイルス感染症	
手足口病	
ヘルパンギーナ	
ロタウイルス感染症	
ノロウイルス感染症	
伝染性軟属腫	

● 7 つの感染経路

感染症と感染経路について、以下にまとめています。

感染経路別の感染症

飛沫感染 咳やくしゃみによって、口や鼻から飛び出したつばしぶきによって感染する。飛沫は 1 ～ 2 m 飛び散る。多くの呼吸器感染症の起因となる。	新型コロナウイルス感染症、インフルエンザ、百日咳、麻疹、流行性耳下腺炎、風疹、水痘、咽頭結膜熱、RS ウイルス感染症、手足口病、ヘルパンギーナ、溶連菌感染症、インフルエンザ菌 b 型感染症、肺炎球菌感染症
空気感染 咳やくしゃみによって飛び出したつばしぶきが空気の流れによって拡散、エアロゾル化し、同じ空間にいる人もそれを吸い込んで感染する。ノロウイルス、新型コロナウイルスはエアロゾル感染するといわれている。	麻疹、水痘、結核、ノロウイルス感染症、新型コロナウイルス感染症
接触感染 直接感染（握手、だっこ、キスなど触れることで感染）と、間接感染（ドアノブ、手すり、遊具など汚染された物を介した感染）がある。	新型コロナウイルス感染症、インフルエンザ、百日咳、麻疹、流行性耳下腺炎、風疹、水痘、咽頭結膜熱、RS ウイルス感染症、手足口病、ヘルパンギーナ、インフルエンザ菌 b 型感染症、肺炎球菌感染症、伝染性軟属腫
経口感染 病原体を含んだ食物や水分を摂取することで感染する。便中に排泄された病原体が便器やトイレのドアノブなどに付着し、その場所を触った手を介しての感染もある。	手足口病、ヘルパンギーナ、ロタウイルス感染症、ノロウイルス感染症、サルモネラ感染症、カンピロバクター感染症、腸管出血性大腸菌感染症、A 型肝炎
血液・体液感染 濃厚な曝露（性行為など）にみられる。子どもなどの場合はけがをした皮膚などから血液や体液を介して感染する。	B 型肝炎、C 型肝炎
母子感染 風疹、水痘、サイトメガロウイルスなどは妊娠中に母親の胎内で胎児に感染し、流産、早産、児の先天的な障害につながる場合がある。単純ヘルペスウイルスや B 群連鎖球菌などは出産時に産道で児に感染する場合がある。	風疹、水痘、B 型肝炎、C 型肝炎、伝染性紅斑、サイトメガロウイルス感染症、単純ヘルペスウイルス感染症、B 群連鎖球菌感染症、ジカウイルス感染症
節足動物感染 病原体を保有する昆虫（蚊など）やダニがヒトを吸血するときに感染する。蚊は植木鉢の水受け皿や古タイヤ、池や湖、水田など大小の水たまりに産卵する。	日本脳炎、デング熱、ジカウイルス感染症、重症熱性血小板減少症候群

２．予防接種の種類

　重症化する危険のある病原体、治療薬のない病原体に対して、ワクチンが開発され予防接種がおこなわれています。常日頃から感染症予防をおこない、ワクチンにおいては定期接種も任意接種も区別せずにおこない、感染症の蔓延を防ぐことをお勧めします。

子どもに対するワクチン

ワクチンのあるもの	定期予防接種	5種混合ワクチン（百日咳、破傷風、ジフテリア、ポリオ、インフルエンザ菌 b 型）
		肺炎球菌
		ロタウイルス
		B 型肝炎
		結核
		MR 混合ワクチン（麻疹、風疹）
		水痘
		ヒトパピローマウイルス
		日本脳炎
	任意予防接種	新型コロナウイルス
		インフルエンザ
		流行性耳下腺炎
		髄膜炎菌
抗体製剤のあるもの		RS ウイルス※
ワクチンのないもの		咽頭結膜熱
		手足口病
		ヘルパンギーナ
		ノロウイルス
		サルモネラ
		カンピロバクター
		腸管出血性大腸菌感染症
		溶連菌
		伝染性軟属腫

※子どもが一部の基礎疾患を持っている場合は保険適用で抗体製剤を投与できる。保険適用外で基礎疾患のない子どもにも投与可能。なお、生後早期の子どもの感染予防目的で妊婦を対象としたワクチンもある。

第2節　各感染症について

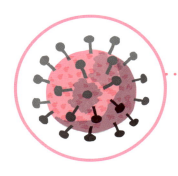

1　新型コロナウイルス感染症

1　新型コロナウイルス感染症とは

2019年12月に確認されて以降、世界に拡がりパンデミックを起こした、発熱、咳、鼻汁、喉の痛みなどの症状を呈す感染症です。

2　病原体の情報

主な感染経路	飛沫感染、接触感染です。またエアロゾル感染もあることが示唆されています。
潜伏期間	2〜3日程度で長くとも7日とされていますが、変異株によって今後変わることが予想されます。
感染させうる期間	発症前から発症後5〜10日とされていますが、変異株によって今後変わることが予想されます。
診断法	鼻咽頭ぬぐい液などを用いたPCR検査や抗原検査があります。

治療薬の有無	基礎疾患のない子どもには治療薬はありません。症状を緩和させる治療をおこないます。特定の基礎疾患がある場合は抗ウイルス薬（注射薬または 12 歳以上で使える内服薬）を考慮します。
予防接種の有無	生後 6 か月から任意予防接種ができます。

3 気をつけること

症状

発熱、咳、鼻汁、喉の痛みなどの症状があり、熱性けいれんや声がかれて犬の鳴き声のような咳をするクループを呈する場合もあります。急性脳症を合併することもあります。

対処法

飛沫感染、接触感染するのでマスク（着用が可能な場合）や手洗いなどで予防できます。できる限りの 3 密回避やこまめに換気をおこなうなどが勧められています。

登園（登校）の目安

発症日から 5 日間経過し、かつ、症状軽快から 24 時間経過したあとまで出席停止です。

（一例）

0 日目	1 日目	2 日目	3 日目	4 日目	5 日目	6 日目
発症（発熱等）				軽快		登園 OK

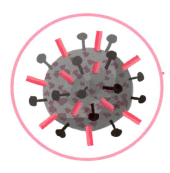

2　インフルエンザ

1　インフルエンザとは

　インフルエンザウイルスによって発熱などの症状が1週間程度続きます。感染力が強く、冬季に流行することが多いです。

2　病原体の情報

主な感染経路	飛沫感染ですが接触感染もあります。
潜伏期間	主に1〜4日です。
感染させうる期間	発熱1日前から3日目をピークとして7日目頃までです。
診断法	鼻咽頭ぬぐい液を用いた抗原迅速診断キットがあります。発熱初期には偽陰性が多いため、発熱翌日の検査が勧められますが、それでも偽陰性となることは少なくないため、医師による臨床診断を優先します。
治療薬の有無	抗ウイルス薬を発症48時間以内に内服すると、解熱までの期間が1〜1.5日短縮します。 解熱薬の中にはインフルエンザ脳症の場合の致命率を高める可能性があるものも含まれるため、アセトアミノフェンを用いるようにします。
予防接種の有無	生後6か月から任意予防接種ができます。感染予防効果は高くありませんが、重症化の予防となります。

3 気をつけること

症状

　発熱、頭痛、だるさ、筋肉痛や関節痛が1週間程度生じます、また、嘔吐、下痢、腹痛などの消化器症状を伴うことがあります。合併症として肺炎や中耳炎を併発することがあります。また、異常行動がみられることもあるため見守りが必要です。熱性けいれんをきたすこともあり、ときに小学生でも生じることがあります。脳症を合併した場合はけいれん、意識障害などをきたし、死に至ることや回復しても後遺症を残すこともあります。

対処法

　飛沫感染、接触感染するので、マスク（着用が可能な場合）や手洗いなどで予防できます。発熱する前日から他人に感染させ、かつ抗原迅速診断キットの偽陰性もあるため、検査は陰性であったが実はインフルエンザということもありますので、体調不良の場合は、検査結果によらず休むことが必要です。また園や学校では飛沫感染対策を行います。流行時には臨時休園（休校）も考慮する必要があります。

登園（登校）の目安

　発症したあと5日を経過し、かつ解熱したあと3日（小学生以上では2日）を経過するまでが出席停止の目安です。ただし、この期間が過ぎたからといって他人に感染させないとは言い切れないので、咳などが持続する場合はマスクを着用しましょう。

（一例）

0日目	1日目	2日目	3日目	4日目	5日目	6日目
発症（発熱等）		解熱				登園OK

3 百日咳

1 百日咳とは

百日咳菌により、特に夜間に歯切れのよい空咳を息継ぎなしで何回も繰り返し、やっと息を吸う際にヒューとかヒーとか笛のような枯れた高音を立てる特徴のある感染症です。

2 病原体の情報

主な感染経路	飛沫感染と接触感染です。
潜伏期間	主に7～10日です。
感染させうる期間	咳の始まりから4週目頃までです。抗菌薬を内服すると5日程度で感染力は弱まります。
診断法	鼻腔ぬぐい液を用いた検査や血液での抗体検査ができます。
治療薬の有無	抗菌薬で治療できます。
予防接種の有無	5種混合ワクチンとして生後2か月から定期予防接種がされています。しかし、最近の調査によると、就学前児の百日咳抗体価が低下していること、百日咳患者は5歳から10歳代前半に多いことがわかってきました。これを受けて日本小児科学会は、任意接種として、就学前に百日咳を含む3種混合ワクチン（DPT）の接種を、また11歳以上13歳未満での2種混合ワクチン（DT）の代わりに3種混合ワクチンの接種を推奨しています。

3 気をつけること

症状

　夜間に激しくコンコンと息継ぎなしで咳き込み、その後息を吸うときにヒューという笛のような音を立てるという特徴的な咳き込みを繰り返します。生後3か月未満の乳児では無呼吸から死に至ることもあります。未治療の場合、2～3か月症状が持続することもあります。

対処法

　飛沫感染、接触感染するので、マスク（着用が可能な場合）や手洗いなどで予防できます。

　予防接種が推奨されますが、乳幼児期に接種している子どもでも小学生頃に抗体価が低下することがあり、感染することや、十分な回数の予防接種ができていない乳児のきょうだいに感染させてしまうこともあります。

登園（登校）の目安

　特有な咳が消失するまで、または5日間の適正な抗菌薬による治療が終了するまでは出席停止です。

（一例）

0日目	1日目	2日目	3日目	4日目	5日目	6日目
発症（咳等）	抗菌薬服用					登園OK

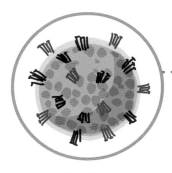

4 麻疹

1 麻疹とは

7〜9日程度の高熱と咳、鼻汁が数日持続し、発熱から数日してから全身に発疹がでる感染症です。死亡に至る場合や回復しても後遺症を残すこともあります。「はしか」とも呼ばれています。

2 病原体の情報

主な感染経路	空気感染、飛沫感染、接触感染です。
潜伏期間	主に8〜12日です。
感染させうる期間	発熱出現1日前から解熱後3日を経過するまでです。感染力が最も強いのは、発疹出現前の咳や鼻水、目の充血などが出ている頃です。
診断法	医師が疑いがあると判断した場合、すぐに保健所に届け出て、検査をおこないます。
治療薬の有無	治療薬はありません。症状を緩和させる治療をおこないます。
予防接種の有無	1歳時と小学校入学前1年間に合計2回の弱毒生麻しん風しん混合（MR）ワクチンの定期予防接種がおこなわれています。日本小児科学会は2回の予防接種をしていない未成年者、乳児をもつ両親やその同居家族、免疫低下者など接種不適当者の児をもつ両親やその同居家族、妊婦の同居家族、医療関係者（事務職員や救急隊員を含む）、保育関係者、教育関係者、海外渡航を予定している者への任意のワクチン接種を推奨しています。

3 気をつけること

症状

　病初期は、発熱とともに目の充血、涙やめやに（眼脂）が多くなり、咳、鼻汁などの症状がみられます。熱はいったん下がりかけますが、再び高熱が出てきたときに身体全体の発疹が拡がっていきます。発疹は徐々に癒合し、色素沈着を残します。重症な経過をとることもあり、急性脳炎は発症1000人に1〜2人の頻度で生じ、脳炎や肺炎を合併すると生命の危険や後遺症の恐れもあります。

対処法

　空気感染するため、マスクや手洗いでは防げません。例えば体育館やコンサート会場などに1人患者さんがいるだけで、そこにいる麻疹の免疫をもたない人全員に感染の恐れがあります。このため、予防接種が推奨されています。

登園（登校）の目安

　発疹に伴う発熱が解熱したあと3日を経過するまでは出席停止です。

（一例）

0日目	Y日目（1回目の解熱）	2回目の発熱	X日目（2回目の解熱）	X+1日目	X+2日目	X+3日目	X+4日目
発症（発熱等）		（発疹あり）	（色素沈着）				登園OK

※2回目の解熱以降、発疹は色素沈着する形でしばらく残る。

5　流行性耳下腺炎

1　流行性耳下腺炎とは

　両方の耳下腺が急に腫れて痛くなる感染症です。無菌性髄膜炎を合併することや、難聴を併発する場合があります。いったん難聴になってしまった場合、回復しないとされています。「おたふくかぜ」とも呼ばれています。

2　病原体の情報

主な感染経路	飛沫感染と接触感染です。
潜伏期間	主に16～18日です。
感染させうる期間	耳下腺が腫れる1～2日前から腫脹5日頃までです。
診断法	症状から診断されますが、診断が難しい場合は血液検査をおこないます。
治療薬の有無	治療薬はありません。症状を緩和させる治療をおこないます。
予防接種の有無	日本では任意予防接種ですが、日本小児科学会は就学前までに2回の予防接種を推奨しています。自治体によっては費用が公費補助されていることもあります。

3 気をつけること

症状

　両側の耳下腺が腫れます。最初は片側で時間がたってからもう片側が腫れることもあります。痛みを伴い、腫れは2～3日でピークに達し、長くても10日程度で消えます。しかし、10～100人に1人が無菌性髄膜炎を、500～1000人に1人が回復不能な難聴（主に片側）を、3000～5000人に1人が急性脳炎を併発するとされています。日本耳鼻咽喉科学会の調査では2015～2016年に少なくとも348人が流行性耳下腺炎による難聴となり、300人近くに後遺症が残ったと報告されています。

対処法

　飛沫感染、接触感染するので、マスク（着用が可能な場合）や手洗いなどで予防できます。

　日本小児科学会は、就学前までに2回の予防接種を推奨しています。ワクチンによる無菌性髄膜炎の発症は、2020～2023年の全国調査では1万回に1人程度と、自然感染したときに比べ低かったことが報告されています。

登園（登校）の目安

　耳下腺、顎下腺または舌下腺の腫脹が発現したあと5日を経過し、かつ全身状態が良好となるまでは出席停止です。

（一例）

0日目	1日目	2日目	3日目	4日目	X日目（6日目以後）	X+1日目
発症（腫れ等）						登園OK

6　風疹

1　風疹とは

淡い発疹、発熱、リンパ節の腫れを主な症状とする感染症です。脳炎、血小板減少性紫斑病、関節炎などを合併することがあり、妊婦の感染で胎児が種々の病気をもってしまうことが知られています。

2　病原体の情報

主な感染経路	飛沫感染、接触感染、母子感染（胎内感染）です。
潜伏期間	主に16～18日です。
感染させうる期間	発疹出現7日前から発疹出現7日目頃までです。
診断法	医師が疑いがあると判断した場合、すぐに保健所に届け出て、検査をおこないます。
治療薬の有無	治療薬はありません。症状を緩和させる治療をおこないます。
予防接種の有無	1歳時と小学校入学前1年間に合計2回の弱毒生麻しん風しん混合（MR）ワクチンの定期予防接種がおこなわれています。子どものみならず、妊娠を希望する男女に2回の予防接種が推奨されています。また日本小児科学会は2回の予防接種をしていない未成年者、乳児をもつ両親やその同居家族、免疫低下者など接種不適当者の児をもつ両親やその同居家族、妊婦の同居家族、医療関係者（事務職員や救急隊員を含む）、保育関係者、教育関係者、海外渡航を予定している者への任意のMRワクチン接種を推奨しています。

3 気をつけること

症状

発熱は軽度のことが多いですが、それと同時に、もしくは数日後に、淡い発疹が生じる感染症です。リンパ節の腫れは頸部、耳の後ろの部分にみられます。3000人に1人の頻度で血小板減少性紫斑病を、6000人に1人の頻度で急性脳炎を合併します。妊婦の感染により、胎児が、耳、眼、心臓の異常や精神運動発達遅滞を伴う先天性風疹症候群を発症することがあります。

対処法

飛沫感染、接触感染するので、マスク（着用が可能な場合）や手洗いなどで予防できます。
母子感染予防には、妊娠する前に2回の予防接種が必要です。

登園（登校）の目安

発疹が消失するまでは出席停止です。

（一例）

0日目	発症期間中			X日目	X+1日目
発症 （発疹等）				発疹消失	登園OK

7　水痘

1　水痘とは

　発疹が徐々に水を含むようになり（水疱）、全身に拡がり、かさぶたとなって終息する感染症です。皮膚や皮膚の下の組織の細菌感染、肺炎、脳炎、肝炎、ライ症候群という急性脳症を合併することもあります。「水ぼうそう」とも呼ばれています。

2　病原体の情報

主な感染経路	空気感染、飛沫感染、接触感染、母子感染（胎内感染）です。
潜伏期間	主に14～16日です。
感染させうる期間	発疹出現1～2日前からすべての発疹がかさぶたになるまでです。
診断法	症状によって診断されますが、難しい場合は血液検査や水疱の内容物などを検査することもあります。
治療薬の有無	抗ウイルス薬があります。
予防接種の有無	1歳以上3歳未満児に対して2回の定期予防接種がなされています。日本小児科学会は定期接種対象年齢外でも、ワクチン未接種（あるいは不明の場合）で罹ったことのない者には2回の予防接種を推奨しています。

3 気をつけること

症状

発疹はかゆみや痛みを伴います。脳炎や、解熱薬のアスピリンを服用することでライ症候群を併発する場合があります。また、白血病や免疫抑制治療を受けている児では、重症化して死に至ることもあります。成人、特に妊婦の感染は重症化しやすいだけでなく、妊娠初期の感染によって、胎児に先天性水痘症候群という低出生体重、四肢低形成、皮膚瘢痕などを伴う先天異常を起こすことや、分娩前後の感染によって新生児に致死的な重症水痘が生じることもあります。

対処法

空気感染するため、マスクや手洗いでは防げません。このため、予防接種が推奨されています。
ワクチンが定期接種となる以前、日本では年間約 100 万人が水痘に罹り、約 4000 人が重症化から入院し、約 20 人が死亡していたこともあります。

登園（登校）の目安

すべての発疹がかさぶたになるまでは出席停止です。

（一例）

0日目	発症期間中						X日目	X+1日目
発症（発疹等）							かさぶたになる	登園OK

8　咽頭結膜熱

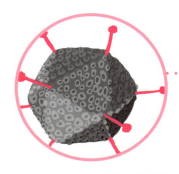

1　咽頭結膜熱とは

　発熱、結膜炎、咽頭炎を主症状とする疾患で、アデノウイルスの感染によって起こります。「プール熱」と呼ばれることもありましたが、実際は、プールの外で感染することが多いとされています。

2　病原体の情報

主な感染経路	接触感染と飛沫感染です。
潜伏期間	2〜14日です[※]。
感染させうる期間	ウイルス排出は初期数日が最も多いですが、その後、数か月も感染させうることがあります。
診断法	症状によって診断されますが、咽頭ぬぐい液を用いた抗原迅速診断キットも活用されています。
治療薬の有無	治療薬はありません。症状を緩和させる治療をおこないます。
予防接種の有無	ワクチンはありません。

※アデノウイルス感染症全体（咽頭炎を含む）としては潜伏期間は2〜14日ですが、咽頭結膜熱に限れば5〜12日くらいとされています。

3 気をつけること

症状

高熱、喉の痛み、結膜充血、頭痛、食欲不振などの症状が3～7日間続きます。

対処法

飛沫感染、接触感染するので、マスク（着用が可能な場合）や手洗いなどで予防できます。

感染後、数か月は便にウイルスが排出されていますが、感染しても発症しない場合もあります。このため、集団生活での流行を阻止することは難しいです。アデノウイルスはアルコール消毒が効かないので、排便後またはおむつ交換後の手洗いは石けんを用いて流水で丁寧におこなってください。プール前後のシャワーの励行、タオルを共用しないなどの一般的な予防法も大切です。

登園（登校）の目安

アデノウイルス感染症自体は出席停止となる感染症ではありませんが、アデノウイルス感染症のうち、咽頭結膜熱と診断された場合においては、発熱、咽頭炎、結膜炎などの主要症状が消失したあと2日を経過するまでは出席停止です。

（一例）

0日目	発症期間中				X日目	X+1日目	X+2日目	X+3日目
発症（発熱等）					症状消失			登園OK

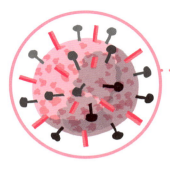

9　RSウイルス感染症

1　RSウイルス感染症とは

　主に乳幼児が感染し、呼吸困難に陥り、人工呼吸管理がなされることもある感染症です。以前は冬に流行していましたが、近年、流行が早まり、夏にピークを迎えます。

2　病原体の情報

主な感染経路	接触感染と飛沫感染です。
潜伏期間	主に4〜6日です。
感染させうる期間	通常3〜8日です。
診断法	症状によって診断されます。鼻咽頭ぬぐい液を用いた抗原迅速診断キットも活用されていますが、検査は乳児、入院している児、以下のモノクローナル抗体による予防投与の適用となる基礎疾患のある児しか保険適用されません。
治療薬の有無	治療薬はありません。症状を緩和させる治療をおこないます。
予防接種の有無	小児用のワクチンはありませんが、モノクローナル抗体の筋注による予防が、早産、気管支肺異形成症、血行動態に異常のある先天性心疾患、免疫不全、ダウン症候群、肺低形成、気道狭窄、先天性食道閉鎖、先天性代謝異常、神経筋疾患のある乳幼児になされています。基礎疾患のない乳幼児では、保険適用はありませんがモノクローナル抗体による予防が可能です。

3 気をつけること

症状

発熱、鼻汁、咳嗽、喘鳴（ゼイゼイ、ヒューヒューとした呼吸音）などの症状がみられます。年長児や成人では、軽いかぜ症状ですむ場合も多いのですが、乳児早期に感染した場合は急性細気管支炎や肺炎となり、呼吸困難から人工呼吸管理を要することもあります。

対処法

飛沫感染、接触感染するので、マスク（着用が可能な場合）や手洗いなどで予防できます。

流行期、保育所では乳児と1歳以上児のクラスの互いの交流を制限することで、重症化しやすい乳児への感染を予防することができます。なお、生後早期の子どもの感染予防目的で妊婦を対象としたワクチンがあります。

登園（登校）の目安

咳などが安定したあと、全身状態のよい者は登園（登校）可能ですが、手洗いを励行してください。

（一例）

0日目	発症期間中				X日目	X+1日目
発症 （発熱、咳等）					解熱 咳が安定	登園OK

10　手足口病、ヘルパンギーナ

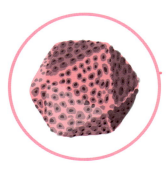

1　手足口病、ヘルパンギーナとは

　手足口病は口腔粘膜、手や足などに水疱性発疹を生じる疾患であり、ヘルパンギーナは主として咽頭に水疱、潰瘍を形成する熱性疾患です。いずれも乳幼児を中心に夏季をピークに流行するエンテロウイルス感染症です。

　エンテロウイルスは多くの種類のウイルスをまとめたものですが、これらの病気の原因としては、コクサッキーウイルスA群、コクサッキーウイルスB群、エコーウイルス、エンテロウイルスA71など多数が含まれます。

2　病原体の情報

主な感染経路	経口感染、飛沫感染、接触感染です。
潜伏期間	3～6日です。
感染させうる期間	鼻や喉からは1～2週間ですが、便からは数週～数か月間の長期にわたってウイルスが排出されることもあります。
診断法	症状より診断されます。無菌性髄膜炎や脳炎などでは遺伝子検査が用いられることもあります。
治療薬の有無	有効な治療薬はなく、症状を緩和させる治療がおこなわれます。発熱に対してはアセトアミノフェンを用います。水分が十分に摂取できない場合には、補液が必要となります。
予防接種の有無	ワクチンはありません。

3 気をつけること

症状

手足口病：口腔粘膜、手掌、足底や足背、肘、膝、臀部に水疱性発疹がみられるのが特徴です。通常1〜3日で解熱します。ときに無菌性髄膜炎や脳炎などを合併することがあります。

ヘルパンギーナ：突然の発熱と咽頭痛で発症します。口腔内の疼痛のため、哺乳不良、摂食障害、脱水症を呈することがあります。通常2〜4日で解熱します。熱性けいれん、無菌性髄膜炎、まれに急性心筋炎などを合併することがあります。

対処法

　外用薬を塗布する必要はありません。薄味で軟らかい物を食べさせ、経口補水液などで水分を与えるように努めます。

　園や学校では飛沫感染および接触感染予防対策として一般的な予防法を実施します。アルコール消毒は効きにくいため手洗いを励行してください。

登園（登校）の目安

　本人の全身状態が安定しており、発熱がなく、普段の食事がとれる場合は登園（登校）可能です。

（一例）

0日目	発症期間中				X日目	X+1日目
発症（発熱等）					解熱	登園OK

11　ウイルス性胃腸炎

1　ウイルス性胃腸炎とは

　嘔吐と下痢を主症状とする腸管感染症で、ロタウイルスとノロウイルスが代表的な原因ウイルスです。ロタウイルス感染症は乳幼児を中心に発生しますが、ノロウイルス感染症は乳幼児のみならず、学童、成人にも多くみられます。

2　病原体の情報

主な感染経路	経口感染、接触感染です。ノロウイルスは二枚貝、氷、サラダ、パンなどの食品を介しての感染（食中毒）もあります。
潜伏期間	ロタウイルスは1〜2日、ノロウイルスは12〜48時間です。
感染させうる期間	急性期が最も感染力が強いですが、便中に3週間以上排出されることもあります。
診断法	便を用いた抗原迅速診断キットがあります。施設内の流行や家族の発症などから臨床診断する場合もあります。
治療薬の有無	有効な治療薬はなく、症状を緩和させる治療がおこなわれます。水分が十分に摂取できない場合には、補液が必要となります。
予防接種の有無	ロタウイルスワクチン（経口生ワクチン）は定期予防接種として出生6週0日後から接種が可能です。ノロウイルスに対するワクチンはありません。

3 気をつけること

症状

ロタウイルス感染症：嘔吐と下痢が主症状であり、ときに下痢便が白くなることもあります。発熱を伴うことも多く、ウイルス性胃腸炎のなかでは症状は重いほうです。多くは2～7日で治りますが、脱水症、胃腸炎関連けいれん、まれに脳症を合併することがあります。

ノロウイルス感染症：嘔吐と下痢が主症状であり、多くは1～3日で治りますが、脱水症、胃腸炎関連けいれんを合併することがあります。

対処法

脱水症にならないようにすることが最も重要で、経口補水液などで水分を少量頻回に与えるように努めます。お粥やスープなど消化のよいものを食べさせましょう。

園や学校では、経口感染、接触感染対策として、一般的な予防法を実施します。アルコール消毒は効きにくいため、流水下の石けんでの手洗いが必要です。患者やその吐物・便と接触した場合は手洗いを励行しましょう。

登園（登校）の目安

症状のある間が主なウイルスの排出期間ですので、嘔吐、下痢症状が消失したあと、全身状態のよい者は登園（登校）可能ですが、手洗いを励行してください。

（一例）

0日目	発症期間中				X日目	X+1日目
発症 （嘔吐・下痢等）					嘔吐・下痢消失	登園OK

12　溶連菌感染症

1　溶連菌感染症とは

　A群溶血性レンサ球菌（GAS）が原因となる感染症です。急性咽頭炎、伝染性膿痂疹（とびひ）、猩紅熱（急性咽頭炎で全身に赤い発疹が出現した場合）などが主な疾患です。発症数週間後にリウマチ熱、急性糸球体腎炎を起こすことがあり、注意が必要です。

　幼児期から学童期の子どもに多く、冬季および春から初夏にかけて流行のピークがみられます。

2　病原体の情報

主な感染経路	飛沫感染と接触感染です。
潜伏期間	咽頭炎で2〜5日、膿痂疹で7〜10日です。
感染させうる期間	適切な抗菌薬投与で24時間以内に感染力はなくなります。健康保菌者からの感染は稀と考えられています。
診断法	抗原の迅速診断キットや細菌培養、抗体検査が用いられています。
治療薬の有無	ペニシリン系抗菌薬を10日間内服します。
予防接種の有無	ワクチンはありません。

3 気をつけること

症状

　急性咽頭炎は突然の発熱と咽頭痛、全身倦怠感で発症します。咽頭は発赤し、扁桃の腫脹や化膿、頸部リンパ節の腫れや痛みを伴います。猩紅熱は5〜10歳頃に多く、発熱、咽頭・扁桃炎とともに舌が苺状に赤く腫れ、全身に鮮紅色の発疹が出現します。針頭大の点状皮疹によって皮膚に紙やすり様の手触りを与えることがあります。顔面では額と頬が紅潮し、口の周りのみ蒼白に見えることが特徴です。治癒後に皮膚が薄く剥がれ落ちます。

対処法

　抗菌薬を医師の指示通り確実に内服させることが必要です。症状がよくなったからと自己判断で内服を中止すると再発することがあります。治療が不十分な場合は、リウマチ熱を併発しやすいといわれています。GAS感染症の治癒後1か月程度は、肉眼的血尿（尿が褐色・コーラ色）や顔面・まぶた・足の浮腫がないか観察が必要です。

　園や学校では飛沫感染、接触感染予防対策として、手洗いなどの一般的な予防法を実施します。

登園（登校）の目安

（一例）

　適切な抗菌薬による治療開始後24時間以内に感染力はなくなります。解熱し、全身状態が改善してから登園（登校）は可能となります。

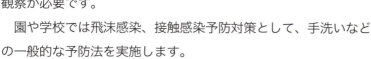

0日目	X日目	X+1日目	X+2日目
発症（発熱等）	抗菌薬服用	解熱	登園OK（服用後24時間経過後）

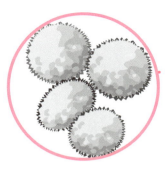

13　インフルエンザ菌b型感染症

1　インフルエンザ菌b型感染症とは

インフルエンザ菌b型（Hib）が原因となる感染症です。主に5歳未満児に細菌性髄膜炎、敗血症、喉頭蓋炎などを起こします。緊急性の高い疾患で、治療が遅れると死亡したり、重篤な後遺症を残したりします。

2　病原体の情報

主な感染経路	主に飛沫感染です。
潜伏期間	不明
感染させうる期間	鼻や喉に保菌している間は、感染させる可能性があります。
診断法	細菌性髄膜炎、敗血症、喉頭蓋炎などのHib感染症は侵襲性Hib感染症と呼ばれ、血液や髄液などの無菌部位の細菌培養によって診断します。遺伝子検査や髄液の抗原検出キットが用いられることもあります。
治療薬の有無	診断したら直ちに抗菌薬の投与を開始します。
予防接種の有無	2013年4月にHibワクチンの定期予防接種が開始され、2024年4月にはHibワクチンと4種混合ワクチン（DPT-IPV）を含む5種混合ワクチンが導入されました。

3 気をつけること

症状

細菌性髄膜炎：脳や脊髄を包む髄膜に細菌が入り込んで炎症を起こし、発熱、嘔吐、頭痛、けいれんなどの症状が現れます。

敗血症：細菌感染症によって全身の状態が悪くなる病気です。発熱のほかに意識がおかしい、ぐったりしている、顔色が青白いなどの症状を伴います。

急性喉頭蓋炎：喉頭蓋とは、食物を飲み込むときに喉の入り口をふさいで気管に入らないような働きをする蓋のことです。喉頭蓋炎を起こすと、急に熱が出て、唾が飲み込めない、呼吸が苦しいなどの症状が現れます。

対処法

Hibワクチンの定期接種化後に侵襲性Hib感染症は激減していますが、まれにb型以外のインフルエンザ菌による侵襲性感染症が報告されています。子どもが発熱したときの一般的な対処法として、安静にさせて全身状態に注意する必要があります。

登園（登校）の目安

全身状態の改善した者は登園（登校）可能です。

（一例）

0日目	発症期間中				X日目	X+1日目
発症（発熱等）					解熱	登園OK

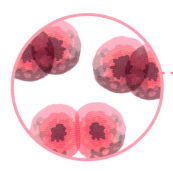

14　肺炎球菌感染症

1　肺炎球菌感染症とは

　肺炎球菌が原因となる感染症です。肺炎、中耳炎、副鼻腔炎などが主な疾患ですが、細菌が血液の中に入って細菌性髄膜炎や敗血症などの侵襲性肺炎球菌感染症を起こすこともあります。

2　病原体の情報

主な感染経路	主に飛沫感染です。
潜伏期間	1〜3日です。
感染させうる期間	感染の種類によって異なりますが1〜3日です。鼻や喉に保菌している間は、感染させる可能性があります。
診断法	喀痰、上咽頭ぬぐい液、中耳貯留液、耳漏などの細菌培養により診断します。原因菌かどうかの判断は症状やほかの検査所見などを参考におこないます。侵襲性肺炎球菌感染症は血液や髄液などの無菌部位の細菌培養によって診断します。遺伝子検査や髄液の抗原検出キットが用いられることもあります。
治療薬の有無	抗菌薬の投与をおこないます。薬剤耐性菌に注意が必要です。
予防接種の有無	2013年に13価結合型肺炎球菌ワクチンが定期予防接種となり、2024年4月に15価結合型肺炎球菌ワクチン、10月に20価結合型肺炎球菌ワクチンが導入されました。

3 気をつけること

症状

肺炎：発熱、咳、痰が主な症状です。呼吸困難、胸痛を訴えることもあります。

中耳炎：急な耳痛、発熱、啼泣・不機嫌が主な症状です。発語前の子どもは耳を押さえる、引っ張る、こすりつけるなどの動作で耳の痛みを訴えることがあります。

細菌性髄膜炎：脳や脊髄を包む髄膜に細菌が入り込んで炎症を起こし、発熱、嘔吐、頭痛、けいれんなどの症状が現れます。

敗血症：細菌感染症によって全身の状態が悪くなる病気です。発熱のほかに意識がおかしい、ぐったりしている、顔色が青白いなどの症状を伴います。

対処法

　子どもが発熱したときの一般的な対処法として、安静にさせて全身状態に注意する必要があります。

　園や学校では飛沫感染予防対策として、一般的な予防法を実施します。学校では日頃から咳エチケット（マスクを着用する、ティッシュ・ハンカチで口・鼻を覆う、袖で口・鼻を覆う）を実践するように指導しましょう。

登園（登校）の目安

　発熱、咳などが軽快し、全身状態の改善した者は登園（登校）可能です。

（一例）

0日目	発症期間中			X日目	X+1日目
発症 （発熱等）				解熱	登園OK

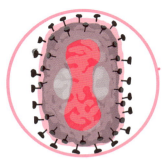

15 伝染性軟属腫

1 伝染性軟属腫とは

　伝染性軟属腫ウイルスの感染によって起こる皮膚疾患で、水いぼとも呼ばれます。特に幼児期に好発し、半球状に隆起して中心に窪みのあるつやつやして軟らかい1～数mmのいぼが、体や手足にできます。

2 病原体の情報

主な感染経路	主として感染者への接触により直接感染しますが、タオルの共用などによる間接感染も起こります。
潜伏期間	2～7週、ときに6か月までです。
感染させうる期間	いぼのある間は感染させる可能性があります。
診断法	症状より診断されます。
治療薬の有無	自然治癒傾向があり放置してよいとされています。しかし、自家接種（引っ掻くことで感染を拡げる）や感染の伝播を防止するため、ピンセットでの摘出や液体窒素での除去など積極的な治療がおこなわれることもあります。
予防接種の有無	ワクチンはありません。

3 気をつけること

症状

　いぼ以外の症状はありません。ほとんどの場合は痛みもかゆみもありませんが、掻き傷をつけて炎症を起こすとかゆくなることがあります。いぼの内容物（液体ではなく白っぽい塊）が感染源となります。発生部位はお腹や背中、手足です。特にわきの下、胸部、二の腕の内側などの皮膚がこすれ合う部位では自家接種により多発する傾向があります。乾燥肌やアトピー性皮膚炎など皮膚のバリア機能が低下している子どもでは、広い範囲にいぼが発生しやすくなります。自然治癒まで6～12か月、ときに4年程度かかることがあります。

対処法

　病変部を衣類や包帯、絆創膏などで覆い、ほかの子どもへの感染を防ぎます。直接肌と肌を接触させないように注意しましょう。

　プールの水では感染しないので、プールを禁止する必要はありません。ただし、タオル、浮輪、ビート板などを介してうつることがありますから、これらを共用することはできるだけ避けてください。プールのあとはシャワーで肌をきれいに洗うように指導しましょう。

　感染を予防するには皮膚のバリア機能を正常に保つことが大切です。保湿剤などを用いて十分な保湿をおこなってください。

登園（登校）の目安

　制限はありませんが、病変部は被覆しておきます。

コラム

感染症の知っトク —— ⑥

集団生活での感染症の蔓延を防ぐために

　学校保健安全法にて、一部の感染症に罹った場合に出席停止の期間が定められています。これらの期間は、特に他人に感染させうる時期を示しているのですが、「この期間を過ぎても他人に感染させることがある」ということを知る必要があります。

　例えば、インフルエンザはかつて解熱して2日過ぎるまで出席停止でした。今はそれだけでなく、発熱して5日過ぎるまでという条件が追加されました。それは、抗ウイルス薬で解熱するのが早くなったのですが、他人に感染させうる期間まで短くなったわけではないからです。

　また、例えばインフルエンザは発熱1日前から、流行性耳下腺炎は耳下腺が腫れる1〜2日前から他人に感染させるように、発症前から感染力のある感染症も珍しくありません。

　一方、手足口病、ヘルパンギーナなどの夏風邪のように、発症後、数か月も感染力が続く感染症もあります。手足口病と診断されても登園・登校できるのは、「他人に感染させない」からでなく、「他人に感染させなくなるためには数か月もかかる」からです。

　さらに、手足口病を発症した子どもに限らず、症状がなにもない子どもも夏風邪ウイルスを保菌していることがあり、便などを介して他人に感染させうることもあるのです。これらの理由から、登園・登校の制限によって集団生活の場で感染症の蔓延を防ぐことには限界があります。

　ではどうしたらよいのでしょうか？　新型コロナウイルス感染症のパンデミックによって、感染症予防への理解は進んだと思います。「適切な頻度で手洗いをすること」

「手洗いのできない環境ではアルコール消毒で代用できること」「体調が悪い場合は無理せずに休みをとること」「咳などの症状がある場合はマスクをすること」、これらによって他人に感染させる機会を減らすことができます。

手足口病、ヘルパンギーナなどの夏風邪や、サルモネラ、カンピロバクターなどの腸管感染症は、回復してからも便中に何週間も病原体を排出しています。そのため、「トイレやオムツ交換のあとには手を洗うこと」「プールは規定の塩素濃度を遵守すること」も大切です。

アルコールが効きにくいロタウイルスやノロウイルスに有効な次亜塩素酸ナトリウムは、物品などの消毒には適しているものの、人体に有害のため手指消毒には使用できません。

手袋の使用も増えていますが、手袋に付着した病原体は他人を感染させます。手袋を外すときに自分の手に付着する可能性があることを考えますと、接触する人が変わるたびに手袋を交換しないといけません。そして手袋を外すときには毎回手を洗う必要があります。手袋をずっとしたまま作業を続けることは衛生的とはいえないのです。

清掃においては、高いところや床よりも、多くの人が触れるドアノブ、手すり、スイッチなどを重点的に消毒することが大切です。

感染症を発症した子どもを隔離することに力を注いでも、感染症の蔓延を防ぐことは難しいことを再確認しましょう。常日頃から感染症予防をおこなうこと、ワクチンにおいては定期接種も任意接種も区別せずにおこなうことが、感染症の蔓延を防ぐことにつながるのです。

おわりに

　この本をご覧になって、いかがだったでしょうか？　子どもの感染症について、理解が深まりましたでしょうか？　保育所で流行りそうな感染症の数々、馴染みましたか？　子どもの熱や咳、嘔吐などの症状に落ち着いて対処できそうですか？　確実な対応を要するレッド・フラッグは頭に入りましたでしょうか？　普段からの感染予防策、そして保育所内に感染症がもち込まれたときの対策はバッチリでしょうか？

　細かいところまで覚えていなくても大丈夫！　「そうだ！　あの本のあそこら辺に書いてなかったっけ？　確かめよう！」。それでよいのです。皆さんの身近にこの本を置いて、日々活用してください。

　育児や保育は楽しくてやりがいに溢れていますが、大変なこともたくさんあります。大変なことの 1 つである「感染症」に対する皆さんの不安や恐れが、この本で軽くなってくれることを願っています。

　保育所における感染症については、こども家庭庁から「保育所における感染症対策ガイドライン」[1]、日本小児科学会から「学校、幼稚園、認定こども園、保育所において予防すべき感染症の解説」[2]、そして日本小児保健協会から「保育所における予防接種と感染症に関する　あるある Q&A35」[3] が出ています。本書はこれらに準拠していますので、あわせて参考にしてください。

　子どもたちの心身の健やかな成長と社会性の育みのために、働く保護者を応援するために、一緒に頑張っていきましょう！

2025 年 1 月　森内浩幸

1）こども家庭庁「保育所における感染症対策ガイドライン（2018 年改訂版）」（https://www.cfa.go.jp/assets/contents/node/basic_page/field_ref_resources/e4b817c9-5282-4ccc-b0d5-ce15d7b5018c/cd6e454e/20231010_policies_hoiku_25.pdf（2025 年 1 月 31 日現在））
2）日本小児科学会「学校、幼稚園、認定こども園、保育所において予防すべき感染症の解説（2024 年 5 月改訂版）」（http://www.jpeds.or.jp/uploads/files/20240513_yobo_kansensho.pdf（2025 年 1 月 31 日現在））
3）日本小児保健協会「保育所における予防接種と感染症に関する　あるある Q&A35」（https://www.jschild.or.jp/wp-content/uploads/2020/04/●「保育所における予防接種と感染症に関する - あるある QA-35」_ 日本小児保健協会予防接種・感染症委員会 _-1HP 掲載版 .pdf（2025 年 1 月 31 日現在））

執筆者紹介

○ 編著者

森内浩幸
（もりうち・ひろゆき）

1984年長崎大学医学部卒。1990年より米国立アレルギー・感染症研究所（NIAID）へ留学（1994年以降は米国立衛生研究所臨床センターの臨床スタッフ兼任）。1996年、米国微生物学会若手研究者賞受賞。1997年、NIAID特別表彰。1999年、長崎大学医学部小児科教授。2002年より大学院医歯薬学総合研究科教授、2015年より熱帯医学＆グローバルヘルス研究科教授、2024年より高度感染症研究センター長を兼任。これまでに日本小児科学会、日本小児保健協会、日本ウイルス学会などの理事を歴任し、現在、日本小児感染症学会理事長、日本ワクチン学会理事、日本臨床ウイルス学会幹事、アジア小児感染症学会幹事などを務める。
第1章、第2章第1節、第3章第1節・第2節、コラム①〜④　担当

○ 執筆者（五十音順）

是松聖悟
（これまつ・せいご）

埼玉医科大学総合医療センター小児科教授。
日本小児保健協会理事、日本小児神経学会理事、日本小児アレルギー学会元理事。
医学博士、小児科指導医、小児神経指導医、アレルギー指導医、小児感染症認定医。
第4章第1節・第2節1〜9、コラム⑥　担当

並木由美江
（なみき・ゆみえ）

看護師。
全国保育園保健師看護師連絡会監事、日本保育保健協議会監事、日本小児保健協会予防接種感染症委員会委員等。専門は子どもの健康と安全。日本赤十字社救急法・幼児安全法・健康生活支援講習指導員、聖学院大学人文学部子ども教育学科非常勤講師として普及や教育に携わる。
第2章第2節、第3章第3節、コラム⑤　担当

西村直子
（にしむら・なおこ）

江南厚生病院こども医療センター長。
日本小児科学会代議員、日本感染症学会評議員、日本小児感染症学会理事、日本臨床ウイルス学会幹事。
医学博士、日本小児科学会専門医・指導医、日本感染症学会専門医・指導医、日本小児感染症学会認定指導医。
第4章第2節10〜15　担当

予防策・対応策をイラストで「見える化」
わかりやすい保育現場の感染症対策

2025年3月15日 発行

編 著	森内浩幸
発行者	荘村明彦
発行所	中央法規出版株式会社
	〒110-0016
	東京都台東区台東3-29-1中央法規ビル
	TEL 03-6387-3196
	https://www.chuohoki.co.jp/

印刷・製本	サンメッセ株式会社
本文デザイン・装幀	株式会社タクトデザイン事務所
イラスト	あべまれこ

定価はカバーに表示してあります。
ISBN978-4-8243-0207-6

本書のコピー、スキャン、デジタル化等の無断複製は、著作権法上での例外を除き禁じられています。また、本書を代行業者等の第三者に依頼してコピー、スキャン、デジタル化することは、たとえ個人や家庭内での利用であっても著作権法違反です。
落丁本・乱丁本はお取り替えいたします。
本書の内容に関するご質問については、下記URLから「お問い合わせフォーム」にご入力いただきますようお願いいたします。
https://www.chuohoki.co.jp/contact/

A207